"十四五"职业教育河南省规划教材

中等职业教育课程改革"十四五"规划教材

# 基础会计
## Jichu Kuaiji

（第二版）

主编／李新

立信会计出版社
LIXIN ACCOUNTING PUBLISHING HOUSE

图书在版编目(CIP)数据

基础会计 / 李新主编. -- 2 版. -- 上海：立信会计出版社, 2024.9. -- ISBN 978-7-5429-7708-3

Ⅰ. F230

中国国家版本馆 CIP 数据核字第 2024CE1413 号

策划编辑　王斯龙
责任编辑　王斯龙
美术编辑　吴博闻

## 基础会计（第二版）

JICHU KUAIJI

| 出版发行 | 立信会计出版社 | | |
|---|---|---|---|
| 地　　址 | 上海市中山西路 2230 号 | 邮政编码 | 200235 |
| 电　　话 | (021)64411389 | 传　　真 | (021)64411325 |
| 网　　址 | www.lixinaph.com | 电子邮箱 | lixinaph2019@126.com |
| 网上书店 | http://lixin.jd.com | | http://lxkjcbs.tmall.com |
| 经　　销 | 各地新华书店 | | |
| 印　　刷 | 常熟市人民印刷有限公司 | | |
| 开　　本 | 787 毫米×1092 毫米　1/16 | | |
| 印　　张 | 14.25 | | |
| 字　　数 | 338 千字 | | |
| 版　　次 | 2024 年 9 月第 2 版 | | |
| 印　　次 | 2024 年 9 月第 1 次 | | |
| 书　　号 | ISBN 978-7-5429-7708-3/F | | |
| 定　　价 | 42.00 元 | | |

如有印订差错，请与本社联系调换

# 第二版前言 FOREWORD

为深入贯彻党的二十大精神和新修订的《中华人民共和国职业教育法》，落实立德树人根本任务，深入开展"三教"改革，深度践行岗课赛证融通育人理念，对标中等职业学校专业简介和教学标准，适应和反映经济新业态、技术新变化、教学新模式、学习新方式，通过广泛调研，我们对第一版进行更新完善。第二版教材有如下特点。

1. 强化课程思政，实现"三全"育人

本教材以习近平新时代中国特色社会主义思想为指导，推进"党的领导"相关内容进课程教材，每个项目前除设置知识目标、能力目标，又设置了素养与思政目标。教材内容中运用思政案例、建立思政元素库，充分体现思政育人，培养学生成为既有扎实专业素养又有高尚道德情操的人才，实现人才培养中贯彻社会主义核心价值观、职业道德、法律意识、工匠精神等全方位综合的培养目标，体现了课程思政的育人功能。

2. 重构学习内容，强化职业技能

本教材打破传统课程体系框架，采用工作过程为导向的教学模式。本教材分四个模块，模块一理论知识，包括项目一、项目二、项目三；模块二典型任务，包括项目四；模块三技能实践，包括项目五、项目六、项目七、项目八；模块四综合提升，包括项目九。各教学模块、工作项目和学习任务均细化学习目标、设置职业情景导入，以突出职业理念，强化岗位技能训练，体现了"模块化课程、项目化教学"的实践教学特色。

3. 教学做一体化，校企合作育人

根据社会经济发展和行业企业实际需求，结合最新会计法规、行业标准与实践操作，本教材融入企业案例、实战模拟、新技术应用、知识链接、拓展阅读等内容，确保学生掌握的知识技能更加贴合企业需求。我们联手行业企业，由企业专家深度参与，采用教育专家与行业专家相结合，行业专家提供教材资源，教育专家加工提升的方式，对教材进行更新。真正实现了教学做一体化和校企合作"双元"育人的培养模式。

4. 新形态教材，实现教学资源共享

本教材配备二维码学习资源，手机扫描教材上印制的二维码，即可获得在线的数字教学资源支持。同时提供配套教学课件、课程标准、思考与练习答案等供师生使用。新形态教材便于学生即时学习和个性化学习，激发学生自主学习兴趣，有助于教师借此创新教学模式，实现高效课堂。

本教材中和配套资源出现的人名、单位名称和各种印鉴、票据等资料，都是编者根据教学与实践相结合的需要，依据会计业务基本内容而设计的仿真资料，与任何人和单位无关。

本教材由李新担任主编，由李文会、庞博宙担任副主编。编写分工如下：项目一和项目二由李文会编写，项目三和项目四由李新编写，项目五和项目六由李华编写，项目七由闫银宇编写，项目八和项目九由庞博宙编写。

参与配套数字资源制作的有李新、赵竹海、王芳、闫垠宇、王一存、张兵兵、闫梦珂等。

由于编写人员水平有限，加之会计法规和财税政策调整频繁，教材及相关配套资源可能存在问题和不足，诚恳希望广大读者批评指正。

编者
2024 年 9 月

# 目录

## 模块一 理论知识

**项目一 会计入门** ········· 003
  知识目标 ········· 003
  能力目标 ········· 003
  素养与思政目标 ········· 003
  任务一 了解会计的含义 ········· 004
  任务二 认识我国会计工作的管理体制 ········· 008
  任务三 熟悉会计机构和会计人员 ········· 010
  任务四 认识我国会计法律体系 ········· 013
  任务五 理解会计的核算方法 ········· 016
  项目小结 ········· 018

**项目二 会计要素和会计等式** ········· 019
  知识目标 ········· 019
  能力目标 ········· 019
  素养与思政目标 ········· 019
  任务一 认识会计对象 ········· 019
  任务二 熟知会计要素 ········· 021
  任务三 掌握会计要素之间的平衡关系 ········· 029

项目小结 036

## 项目三　账户与借贷记账法 037

知识目标 037

能力目标 037

素养与思政目标 037

任务一　熟记会计科目 038

任务二　理解账户 042

任务三　掌握复式记账法 047

任务四　熟练掌握借贷记账法的应用 057

任务五　总分类账与明细分类账的平行登记 064

项目小结 068

# 模块二　典型业务

## 项目四　工业企业主要经济业务的核算 071

知识目标 071

能力目标 071

素养与思政目标 071

任务一　认识筹资业务的核算 072

任务二　熟悉采购业务的核算 076

任务三　熟悉制造业务的核算 081

任务四　熟悉销售业务的核算 091

任务五　熟悉财务成果业务的核算 097

项目小结 105

# 模块三　技能实践

## 项目五　会计凭证 109

知识目标 109

能力目标 109

素养与思政目标 109

任务一　认识会计凭证 110

任务二　熟悉原始凭证的填制 111

任务三　掌握记账凭证的填制 117

任务四　认识会计凭证的传递与保管 125

项目小结 127

## 项目六　会计账簿 128

知识目标 128

能力目标 128

素养与思政目标 128

任务一　认识会计账簿 129

任务二　认识账簿的设置和使用规则 133

任务三　掌握账簿的登记方法 136

任务四　掌握错账的更正方法 140

任务五　熟悉对账和结账方法 144

项目小结 148

## 项目七　财产清查 149

知识目标 149

能力目标 149

素养与思政目标 149

任务一　认识财产清查 150

任务二　熟悉财产清查的方法 152

任务三　掌握财产清查的账务处理 158

项目小结 162

## 项目八　财务会计报告 163

知识目标 163

| 能力目标 | 163 |
| --- | --- |
| 素养与思政目标 | 163 |
| 任务一　认识财务会计报告 | 164 |
| 任务二　掌握资产负债表的编制 | 167 |
| 任务三　掌握利润表的编制 | 170 |
| 项目小结 | 173 |

# 模块四　综合提升

| 项目九　账务处理程序和会计档案管理 | 177 |
| --- | --- |
| 知识目标 | 177 |
| 能力目标 | 177 |
| 素养与思政目标 | 177 |
| 任务一　认识账务处理程序 | 178 |
| 任务二　掌握记账凭证账务处理程序 | 180 |
| 任务三　理解科目汇总表账务处理程序 | 182 |
| 任务四　账务处理程序实训 | 185 |
| 任务五　管理会计档案 | 209 |
| 项目小结 | 212 |

| 附录一　基础会计课程思政元素库 | 213 |
| --- | --- |
| 附录二　本教材数字化学习资源索引 | 214 |

# 理 论 知 识

# 项目一 会计入门

### 知识目标
1. 了解会计的含义和基本职能;
2. 认识我国会计工作的管理体制;
3. 熟悉会计机构的设置、会计人员应遵守的职业道德;
4. 认识我国会计法律体系;
5. 理解会计核算方法及其体系。

### 能力目标
1. 能正确认知会计工作基本内容;
2. 熟悉会计工作流程,初步完成证、账、表会计工作流程;
3. 掌握会计机构和岗位设置要求以及会计人员任职条件;
4. 能根据内部控制制度要求,设置企业会计岗位并划分岗位职责。

### 素养与思政目标
1. 通过小组讨论,明晰会计的内涵,会计对于个人、单位和国家的意义;
2. 思考"小我"与"大我"的关系,探讨家国情怀在新时代下对于会计工作的意义;
3. 结合会计人员岗位职责和职业道德,培养学生树立正确的人生观和价值观,树立终身不做假账的意识;
4. 结合我国会计法律体系,培养学生识法、懂法、尊法、守法的意识。

基础会计

## 任务一　了解会计的含义

**情景导入**

大智从中职学校会计事务专业毕业后应聘到远大有限责任公司(简称远大公司),成为公司财务部的一名出纳。出纳属于会计人员。作为会计人员,其工作范围和任务有哪些?应如何把公司发生的经济业务用会计语言记录下来?怎样进行企业的管理活动呢?

### 一、会计的含义

#### (一) 会计的定义

1-1 什么是会计

什么是会计?有人说:在会计部门工作就是会计。对吗?不对,因为他说的是一种职业。有人说:会计就是记账、算账、报账。对吗?也不全面,因为他只看到了会计人员所做的具体工作,没有涉及会计的本质。

**知识扩展**

(1) 会计是一种经济计算。它以货币作为主要计量单位,对经济活动过程进行连续、系统、全面、综合的计算,既包括事前的计划计算和事中的控制计算,也包括事后的实际计算。

(2) 会计是一个经济信息系统。它将一个单位的经济活动转化成该单位的资金、劳动、所有权、收入、成本、利润、债权、债务、业绩、问题等数据信息,并向有关方面提供,相关人员都可以通过会计提供的信息了解企业的基本情况,并作为其决策的依据。可见,会计是提供财务信息为主的经济信息系统。

(3) 会计是一项经济管理工作。从历史的发展和现状来看,会计是社会生产发展到一定阶段的产物,它是随着生产发展和管理需要产生的,在生产发展和经济管理中,要求通过会计对经济活动进行严格的控制和监督。在商品经济条件下,会计是利用价值形式对财产物资进行管理的。同时,会计的内容和形式也在不断地完善,由单纯的记账、算账,报送会计报表,发展为参与事前经营预测、决策,对经济活动进行事中控制、监督,开展事后分析、检查。可见,会计无论是过去、现在还是将来,它都是人们对

004

(续上)

经济进行管理的活动。

会计是一种管理活动,说明了会计的本质。因为人类的生产活动一方面创造物质财富,另一方面又有劳动消耗。人们进行生产活动时,总是力求以尽可能小的劳动消耗,取得尽可能多的劳动成果。为了达到这一目的,除不断采用先进生产技术外,还要随时掌握经济活动进程中的数量变化,并不断地对这一过程的所得和所费进行观察、计量、记录、分析、考核、控制,使之不断节约劳动消耗,取得更多的劳动产品。而这些都是依靠会计来完成的。因此,社会的任何经济管理活动都离不开会计。经济越发展,会计就越需要。

由此,会计的定义可表述为:它是以货币作为主要计量单位,以合法的凭证为依据,运用专门的方法,对一定会计主体的经济活动进行连续、系统、全面的核算和监督,以提高经济效益为目标,向有关方面提供会计信息的一种经济管理活动。

 小提示

会计有三个方面的含义:
(1) 从本质上看,会计是一种管理活动。
(2) 从特点上看,会计是以货币作为主要的计量单位。
(3) 从职能上看,会计是对经济活动进行核算和监督。

 知识扩展

美国会计学会对会计的定义为:会计是确认、计量和报告经济信息的一种程序,其目的是协助信息使用者作出明智的判断和决策。

(二) 会计的特点

1. 会计是以货币作为主要的计量单位

经济核算通常有三种量度(计量单位):劳动量度、实物量度和货币量度。劳动量度是以时间为计量单位,如工时、工日等;实物量度是以各种财产物资的实物数量为计量单位,如千克、千米、台等;货币度量是以价值量为计量单位,如人民币、美元等。在实际工作中,对发生的经济业务进行会计核算,主要采用的是货币度量,因为货币量度可以作为活劳动和物化劳动的统一的计量单位。

需要指出的是，会计以货币作为主要的计量单位，还要辅之以劳动量度和实物量度。

*2. 会计核算必须以合法的原始凭证作为依据*

原始凭证是经济业务的最原始记录，是获取真实、系统经济信息的基础。只有以合法的原始凭证为依据，才能获得真实可靠的经济信息。在会计实现了电算化后，也是以取得合法的原始凭证为基础进行运算和应用的。

*3. 会计核算具有连续性、系统性、综合性*

连续性是指会计对经济业务的核算是按业务发生的时间顺序不间断地进行的；系统性是指会计运用科学的方法对经济业务进行分类和汇总，并进行系统加工、整理；综合性是指会计能对以货币计量的全部经济业务进行核算和控制，并且对每笔经济业务的来龙去脉都能记录清楚。

*4. 会计核算与监督具有一套科学、完整的方法*

会计核算和监督具有一套比较系统科学的方法。通过这些方法将复杂的经济业务经过确认、记录、分类、汇总，最后系统、综合地反映出来，实现会计管理的目标。

## 二、会计的职能

会计的职能是指会计在经济管理过程中所具有的功能，《中华人民共和国会计法》（以下简称《会计法》）明确规定，会计的基本职能是进行会计核算和实行会计监督。

### （一）会计核算职能

会计核算职能又叫反映职能，是会计最基本的职能。会计核算贯穿于经济活动的全过程，它不仅对经济活动进行事后反映，还包括事前、事中反映。会计核算职能要运用记账、算账、报账这些专门的会计方法来实现。

### （二）会计监督职能

会计监督职能是对经济活动进行事前、事中和事后的检查和控制，以达到维护财经纪律，保护财产安全，防止和减少损失、浪费的预期目标。具体内容主要包括以下三项：

（1）以国家的财经政策、财经制度和财经纪律为准绳，对即将进行或已经进行的经济活动的合理性进行监督。

（2）从单位内部提高经济效益出发，将监督贯穿于经济活动的全过程，以评价各项经济活动是否有效，能否提高经济效益。

（3）对不法犯罪行为进行监督，以保护国家财产的安全完整。

会计核算职能和会计监督职能是相辅相成的。会计核算是会计监督的基础，会计监督是会计核算的保障。

随着经济的发展和管理需求的变化，会计的职能范围还在不断地扩大领域，包括预测经济前景、参与经济决策、评价经营业绩等，并且向价值管理、资本运营、战略决策辅助等职能持续转型升级。

### 三、会计的数智化发展

我国从西周起就有了专设的会计官职,掌管赋税收入、钱粮支出等财务工作。经历了古代会计、近代会计和现代会计,伴随技术发展进程,会计经历了从手工做账到会计电算化再到会计信息化的变革,逐步迈入数智化新时代。会计数智化是指在数字经济时代利用现代信息技术和数据分析方法加强会计管理和决策的过程。会计数智化旨在通过整合、分析和应用大数据,为企业提供更准确、及时和全面的会计信息,以便管理者能够做出正确的决策并增强业务绩效。

数智化时代下的会计工作将面临许多新的挑战和机遇。当前,会计工作需要处理的数据量比以往任何时候都要多,不仅如此,由于数据来源的多样性,数据的质量和准确性往往难以保证,这包括财务数据和业务数据等。所以,会计人员需要提升三方面的能力,即智能财务的基础知识和业财数融合能力、商业数据的分析应用和资源调度能力、业务创新和创业能力。随着数智化技术应用,企业内部控制和风险管理变得越来越重要。会计人员需要了解和掌握最新的内部控制和风险管理技术,以确保企业的财务安全。

数智化转型是企业会计管理手段、组织模式、职能边界、工作方式等持续深入变革的系统性过程,是涵盖数据、技术、组织、人员等管理要素的全方位变革。在数智化转型过程中,会计人员需要适应新的工作方法和管理方式,这包括使用数字化工具,与企业团队进行在线协作以及通过数据分析来提供决策。数智化转型下不仅提高了会计人员的工作效率和质量,同时也要求会计人员去适应新的工作模式和工作场景。

## 思考与练习

一、复习思考题

1. 什么是会计?你对会计的含义是如何理解的?
2. 会计的基本职能是什么?
3. 会计有哪些特点?

二、判断题

1. 会计核算只能以货币作为计量单位。( )
2. 会计就是记账、算账、报账。( )
3. 会计的职能只有两个,即核算职能和监督职能。( )

三、单项选择题

1. ( )是会计所采用的主要计量单位。
   A. 货币量度   B. 实物量度
   C. 劳动量度   D. 千克

2. 会计是一种( )。
   A. 经济监督的工具

B. 管理生产与耗费的工具

C. 生财、聚财、用财的方法

D. 经济管理活动

3. 会计的基本职能是指( )。

A. 核算和监督　　　　　　　　B. 预测和决策

C. 规划和分析　　　　　　　　D. 管理和控制

四、多项选择题

会计核算中采用的计量单位有( )。

A. 货币计量单位　　　　　　　B. 空间计量单位

C. 时间计量单位　　　　　　　D. 实物计量单位

# 任务二　认识我国会计工作的管理体制

情景导入

大智作为公司的职员,他应归谁管?服务对象是谁?与公司所在区的财政局有什么关系?

《会计法》第七条规定:国务院财政部门主管全国的会计工作。县级以上人民政府财政部门管理本行政区域内的会计工作。

财政部门主管会计工作应遵循"统一领导,分级管理"的原则。

会计管理体制具体有四个层次:

(1) 财政部,下设会计事务管理司,主管全国的会计工作。

(2) 各级地方财政部门,一般设置会计处、科、股等机构,主管本地区所属各单位的会计工作。

(3) 各级业务主管部门,一般设置会计司、处、科,主管本系统所属单位的会计工作。

(4) 基层单位,一般设置会计处、科、股等会计机构,负责办理本单位的会计事务。

知识扩展

财政部会计司主要职能:

拟订并组织实施国家统一的会计制度。指导会计人才队伍建设有关工作,按规定

（续上）

承担会计专业技术资格管理工作。指导和监督注册会计师、会计师事务所、代理记账机构业务工作。具体职责如下：

（一）管理全国会计工作，制定完善会计工作的政策措施；研究制定会计改革与发展规划；管理和指导全国会计基础工作。

（二）起草全国性的会计法律、总会计师条例、企业财务会计报告条例等有关行政法规草案，并组织贯彻实施；审查各地区、各部门拟订的会计规章、办法等。

（三）拟订并组织实施企业会计准则体系、小企业会计准则体系、综合报告标准、成本核算标准体系、村集体经济组织会计制度、农民专业合作社财务会计制度等会计准则制度，宣传、解释并监督、分析其执行情况；管理和指导会计准则委员会工作。

（四）组织推动政府及非营利组织会计改革，拟订并组织实施政府会计准则制度、民间非营利组织会计制度和社会保险基金、住房公积金等非企业会计准则制度，宣传、解释并监督其执行情况；承担政府会计准则委员会办公室的工作。

（五）拟订、组织实施、宣传并解释管理会计指引体系，推动管理会计应用。

（六）拟订并组织实施企业和行政事业单位内部控制规范体系，宣传、解释并监督其执行情况；承担内部控制标准委员会秘书处的工作。

（七）拟订、组织实施、宣传并解释会计信息化标准；承担全国会计信息化标准化技术委员会秘书处的工作。

（八）审核批准国务院有关部门制定的特殊行业实施国家统一的会计准则制度的具体办法或补充规定；对中央军委后勤保障部制定的军队实施国家统一的会计准则制度的具体办法进行备案。

（九）拟订并组织实施会计人才发展规划；拟订会计人员管理制度，指导会计人员继续教育工作；拟订会计专业技术资格考试办法和高级会计师考评结合办法，监督和指导全国会计专业技术资格考试；组织实施全国高端会计人才培养工程、大中型企事业单位总会计师素质提升工程、会计名家工程、国际化高端会计人才等高端会计人才培养工作；组织开展会计专业学位研究生教育工作；拟订并组织实施全国先进会计工作者表彰制度；组织会计人员诚信建设；规范境外会计组织在华活动；受理会计人员来信来访工作。

（十）对注册会计师的注册、会计师事务所的设立、会计师事务所特种执业资格、涉外行政许可事项等进行备案、审批和管理；拟订注册会计师行业管理政策制度，审定注册会计师执业准则、规则；负责会计服务市场对外开放谈判。

（十一）加强全国代理记账行业管理，制定代理记账行业管理规章制度，规范代理记账活动。

(续上)

（十二）推进会计国际交流与合作工作，研究和拟订会计审计国际趋同与等效策略并制定相关政策，开展会计审计标准国际等效与互认工作。

（十三）加强对国家会计学院的业务指导，履行国家会计学院董事会办公室的职责。

（十四）对全国性会计学术团体的设立提出审查意见；管理和指导中国会计学会秘书处的工作。

（十五）办理部领导交办的其他事项。

## 思考与练习

一、复习思考题

我国会计工作的管理体制是什么？

二、单项选择题

《会计法》明确规定，（    ）主管全国的会计工作。

A．国务院　　　　　　　　　　　　B．财政部

C．中国注册会计师协会　　　　　　D．中国会计学会

1-2 会计工作组织

## 任务三　熟悉会计机构和会计人员

### 情景导入

大智任职的公司财务部有3名工作人员，即财务部经理张山、会计刘明和出纳大智。那么每家公司都必须设立财务部吗？财务部也是会计部门。会计部门通常要设哪些岗位？如果远大公司经营业务量大，招聘会计人员时，会提出哪些条件和要求呢？

### 一、会计机构

会计机构是企业、行政事业单位组织处理会计工作的职能部门。按照《会计法》的规定，各企业、行政事业单位都应当设置会计机构或者在有关机构中设置会计人员并指定会计主管人员。

#### （一）会计机构的设置

《会计法》规定，各单位应根据本单位的业务需要决定是否单独设置会计机构，具体要求有以下几点：

1-3 代理记账管理办法

（1）根据业务需要设置。各单位应考虑以下三个因素：单位规模大小；经济业务量和财务收支量的多少；单位经济管理和经营机构设置的要求。

（2）不具备设置会计机构的单位，应配备会计人员并指定会计主管人员。

（3）可以实行代理记账的单位，即不具备设置会计机构和会计工作人员的单位，可委托会计师事务所或者持有代理记账许可证书的代理记账机构进行代理记账。

### （二）会计工作岗位

各单位应当根据会计业务需要设置会计工作岗位，设置的要求有以下几点：

（1）会计工作岗位一般可分为：会计机构负责人或者会计主管人员、出纳员、财产物资核算员、工资核算员、成本费用核算员、财务成果核算员、资金核算员、往来结算员、总账报表员、稽核员、档案管理员等。开展会计信息化和管理会计的单位，可以根据需要设置相应工作岗位，也可以与其他工作岗位相结合。

（2）会计工作岗位，可以一人一岗、一人多岗或者一岗多人。但出纳人员不得兼管稽核、会计档案保管和收入、费用、债权债务账目的登记工作。

（3）会计人员的工作岗位应当有计划地进行轮换。

1-4 内部牵制制度

各单位应当根据《会计法》和国家统一会计制度的规定，结合单位类型和内容管理的需要，建立健全相应的内部会计管理制度。其主要包括：会计人员岗位责任制度、账务处理程序制度、内部牵制制度、稽核制度、原始记录管理制度、定额管理制度、计量验收制度、财产清查制度、财务收支审批制度、成本核算制度、财务会计分析制度等。

祥云公司是一家小企业，因单位职员少，领导安排公司的出纳小王兼任单位的档案管理工作。某日，单位会计老李因病住院，请假一年，领导决定由出纳小王暂时接替老李的工作，直到老李康复。这种做法对吗？

1-5 企业内部控制制度

## 二、会计人员

### （一）会计人员的任职资格

《会计基础工作规范》规定，会计人员应当具备必要的专业知识和专业技能，熟悉国家有关法律、法规、规章和国家统一会计制度，遵守职业道德。会计人员应当按照国家有关规定参加会计业务的培训。各单位应当合理安排会计人员的培训，保证会计人员每年有一定时间用于学习和参加培训。

1-6 会计基础工作规范

大、中型企业，事业单位的业务主管部门应当根据法律和国家有关规定设置总会计师。总会计师由具有会计师以上专业技术资格的人员担任。总会计师行使《总会计师条例》规定的职责、权限。总会计师的任命（聘任）、免职（解聘）依照《总会计师条例》和有关法律的规定办理。

会计机构负责人、会计主管人员应当具备下列基本条件：

（1）坚持原则，廉洁奉公。

（2）具备会计师以上专业技术职务资格或者从事会计工作不少于3年。

（3）熟悉国家财经法律、法规、规章和方针、政策，掌握本行业业务管理的有关知识。

（4）有较强的组织能力。

（5）身体状况能够适应本职工作的要求。

会计人员应当具备必要的专业知识和专业技能，熟悉国家有关法律、法规、规章和国家统一会计制度，遵守职业道德。

### （二）会计人员的职责

（1）依法进行会计核算。

（2）有效地实施会计监督。

（3）拟订本单位办理各项经济业务的具体办法。

（4）参与拟订本单位经济计划、财务计划、编制预算、考核、分析财务计划的执行情况。

（5）妥善、完整地保管好各种会计档案资料，办理其他会计事务。

### （三）会计人员的职业道德

（1）会计人员在会计工作中应当遵守职业道德，树立良好的职业品质，形成严谨的工作作风，严守工作纪律，努力提高工作效率和工作质量。

（2）会计人员应当热爱本职工作，努力钻研业务，使自己的知识和技能适应所从事工作的要求。

（3）会计人员应当熟悉财经法律、法规、规章和国家统一会计制度，并结合会计工作进行广泛宣传。

（4）会计人员应当按照会计法律、法规和国家统一会计制度规定的程序和要求进行会计工作，保证所提供的会计信息合法、真实、准确、及时、完整。

（5）会计人员办理会计事务应当实事求是、客观公正。

（6）会计人员应当熟悉本单位的生产经营和业务管理情况，运用掌握的会计信息和会计方法，为改善单位内部管理、提高经济效益服务。

（7）会计人员应当保守本单位的商业秘密。除法律规定和单位领导人同意外，不能私自向外界提供或者泄露单位的会计信息。

财政部门、业务主管部门和各单位应当定期检查会计人员遵守职业道德的情况，并作为会计人员晋升、晋级、聘任专业职务、表彰奖励的重要考核依据。会计人员违反职业道德的，由所在单位进行处理。

## 思考与练习

一、复习思考题

即将从事会计工作的你,对会计人员职业道德的若干条款有何感想?

二、单项选择题

1. 大、中型企业,事业单位和业务主管部门应当根据法律和国家有关规定设置总会计师,总会计师应具有(　　)技术职称。

   A. 高级会计师　　　　　　　　　B. 会计师
   C. 会计师以上　　　　　　　　　D. 会计师和经济师

2. 会计人员对不真实、不合法的原始凭证应(　　)。

   A. 予以退回　　　　　　　　　　B. 更正补充
   C. 不予受理　　　　　　　　　　D. 无权自行处理

3. 会计职业道德是一种(　　)。

   A. 强制性规范　　　　　　　　　B. 法律规范
   C. 非强制性规范　　　　　　　　D. 职业道德

## 任务四　认识我国会计法律体系

情景导入

财务部经理张山对大智说,会计工作政策性强,作为新手,要利用业余时间多学学法律。那么大智应学习哪些法律知识呢?如何养成按财经法规和会计准则办理业务的习惯呢?

习近平总书记在党的二十大报告中指出:"全面依法治国是国家治理的一场深刻革命,关系党执政兴国,关系人民幸福安康,关系党和国家长治久安。必须更好发挥法治固根本、稳预期、利长远的保障作用,在法治轨道上全面建设社会主义现代化国家"。《中华人民共和国会计法》要求会计人员要忠于职守、坚持原则,会计工作在维护社会市场经济秩序方面责任重大。作为会计人员,要不忘初心,牢记使命,学法、懂法、守法,诚实守信,不做假账,为企业发展、国家繁荣、民族振兴做贡献。

1-7　会计法律体系

会计法律体系是指国家为管理会计工作而颁布的法律、规章、制度等规范性文件的总称,是组织和从事会计工作必须遵守的规范。我国会计法律体系分为三个层次,主要包括会计法律、会计行政法规和会计部门规章。

## 一、会计法律

1-8 新修订的会计法

它是指由国家最高权力机关——全国人民代表大会及其常务委员会制定,以国家主席令颁布的会计法律规范。《会计法》是指导会计工作的最高准则,是会计工作的基本法,也是制定其他会计法规的法律依据。

 **知识扩展**

《会计法》于1985年1月21日经第六届全国人民代表大会常务委员会第九次会议审议通过,自1985年5月1日起施行,并于1993年12月29日、1999年10月31日和2017年11月4日、2024年6月28日进行了四次修订。

《会计法》包括总则,会计核算,公司、企业会计核算的特别规定,会计监督,会计机构和会计人员,法律责任,附则,共7章52条。制定《会计法》的目的是规范和加强会计工作在维护社会主义市场经济秩序、加强经济管理、提高经济效益中发挥重要作用。国家机关、社会团体、企事业单位和其他组织都必须依据《会计法》办理会计事务。对违反《会计法》规定的单位或个人,必须承担相应的法律责任。情节严重、构成犯罪的,由司法机关依照《刑法》追究刑事责任。

## 二、会计行政法规

它是由国家最高行政机关——国务院制定颁布或者由国务院有关部门拟定经国务院批准发布的会计方面的行政法规,用于调整经济生活中某些方面会计关系的法律规范。在我国属于会计行政法规的主要有《企业财务会计报告条例》《总会计师条例》等。地方性会计法规由省、自治区、直辖市人民代表大会及其常务委员会制定发布。

## 三、会计部门规章

它是依照会计法律和会计行政法规由国家主管会计工作的行政部门——财政部及其他相关部委制定的会计方面的法律规范,主要有《企业会计准则》《会计基础工作规范》《会计人员继续教育制度》等。

 **想一想**

《会计法》《企业会计准则》都是由财政部制定的,对吗?

 **知识扩展**

我国的会计准则是由财政部制定发布的,包括企业会计准则和非企业会计准则。

(一) 企业会计准则

企业会计准则由基本准则、具体准则和应用指南三部分构成。

(1)《企业会计准则——基本准则》。其发布于1992年11月30日,于1993年7月1日实行。基本准则规定了会计目标、会计核算的基本前提、会计基础、会计要素、会计信息质量要求、会计计量属性以及财务会计报告的基本要求等内容,基本准则是制定具体准则的依据。

(2)《企业会计准则——具体准则》。它是根据基本准则制定,用来指导企业各类经济业务的确认、计量和报告,财政部共制定了38项具体准则,具体规范了一般业务处理准则、特殊行业会计准则、特定业务准则等三类经济业务或会计事项的处理。38项具体准则于2007年1月1日暂时在上市公司中执行,并鼓励其他企业执行。之后经过2014年和2017年两次修订,形成42项具体准则。

(3)《企业会计准则——应用指南》。它是根据基本准则和具体准则制定,是指导会计实务操作的细则,类似于《企业会计制度》,包括两部分内容:一是准则解释部分,主要对各项准则的重点、难点和关键点进行具体解释说明;二是会计科目和财务报表部分,主要根据企业会计准则规定应当设置的会计科目及主要账务处理、报表格式及编制要求等。这两个部分从不同角度对企业会计准则进行了细化,以解决实务操作问题。

(二) 非企业会计准则

非企业会计准则是企业之外的其他单位适用的会计准则,主要包括《事业单位会计准则》(2012年12月5日财政部部务会议修订通过,自2013年1月1日起施行)等。

1-9 小企业会计准则

 **思考与练习**

复习思考题

我国会计法律体系分为几个层次?它们分别是由哪些机关和部门制定的?

## 任务五　理解会计的核算方法

**情景导入**

大智很珍惜这份出纳工作,决心好好干。他虚心请教会计刘明该如何做。刘明对他说,不急!只要跟着他,在他的指导下,一个流程下来就熟悉了。那么,会计的一个工作流程是什么?会计记账和算账的方法有哪些呢?

1-10　会计的核算方法

会计的方法包括会计核算方法、会计监督方法、会计分析方法、会计检查方法、会计预测方法和会计决策方法等。本项目的任务是学习理解会计的核算方法。

### 一、会计核算方法的含义

会计核算方法是连续、系统、完整地记录、计算和报告各单位已经发生或已经完成的经济活动所运用的方法,主要包括设置账户、复式记账、填制和审核凭证、登记账簿、成本计算、财产清查和编制会计报表共七种。

### 二、会计核算方法的内容

#### 1. 设置账户

设置账户是对会计核算的具体内容进行分类核算和监督的一种专门方法。要对复杂多样的经济业务进行核算和监督,就必须对经济业务进行科学的分类,以便分门别类地、连续地进行记录,据以取得符合经营管理所需要的信息。

**小提示**

设置账户就如同公安部门管理户籍,必须为每个家庭开设户头,标注家庭住址、门牌号码,登记户主姓名、家庭人口等。

#### 2. 复式记账

复式记账是指对所发生的每项经济业务,以相等的金额,同时在两个或两个以上相互联系的账户中进行登记的一种记账方法。采用复式记账方法,可以全面反映每一笔经济业务的来龙去脉,防止差错和便于检查账簿记录的正确性和完整性,是一种比较科学的记账方法。

#### 3. 填制和审核凭证

会计凭证是记录经济业务,明确经济责任,作为记账依据的书面证明。正确填制和审核会计凭证，是核算和监督经济活动的基础，是做好会计工作的前提。

#### 4. 登记账簿

登记会计账簿简称记账，是以审核无误的会计凭证为依据，在账簿中分类、连续、完整地记录各项经济业务，为经济管理提供完整、系统的会计核算资料，是编制会计报表的依据。

#### 5. 成本计算

成本计算是按照一定对象归集和分配生产经营过程中发生的各种费用，确定各对象的总成本和单位成本的一种专门方法。

#### 6. 财产清查

财产清查是指通过盘点实物，核对账目，以查明各项财产物资实有数额的一种专门方法。通过财产清查，可以提高会计记录的正确性，保证账实相符。

#### 7. 编制财务报表

编制财务报表，就是将一定时期企业、事业单位的财务状况和经营成果，总括地反映在具有一定格式的表格中，并按照程序和规定的时间报批的一种专门方法。财务报表便于会计信息使用者全面了解单位的经营活动情况和盈利能力，便于为有关部门提供管理信息，为投资者、债权人提供决策依据。

## 三、会计核算方法体系

以上七种会计核算方法构成了一个完整的方法体系。一般在经济业务发生后，按规定的手续填制和审核凭证，并应用复式记账法在有关账簿中进行登记，期末对生产经营中发生的费用进行成本计算和财产清查，在账证、账账、账实相符的基础上，编制财务报表。

会计核算工作程序如图 1-1 所示。

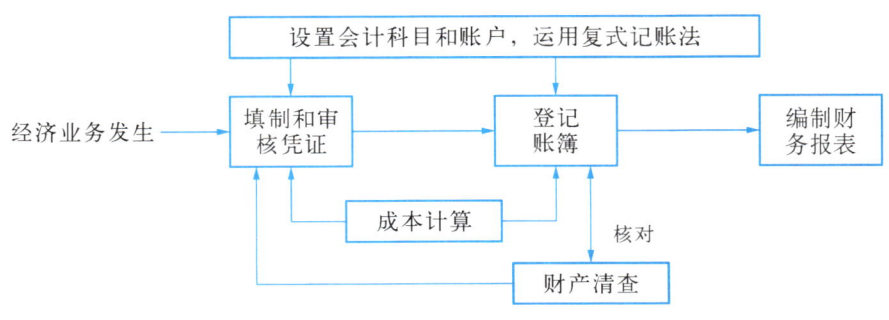

图 1-1　会计核算方法之间的联系

1-11　会计核算流程

## 思考与练习

一、复习思考题

会计核算方法有哪些？它们之间有何关系？

二、判断题

1. 会计核算的各种方法是相互独立的,一般按会计部门的分工由不同的会计人员来执行。（　　）

2. 会计的方法就是会计核算的方法。（　　）

三、多项选择题

1. 会计核算方法包括(　　)。

  A. 设置账户　　　　　　　　B. 复式记账

  C. 登记账簿　　　　　　　　D. 成本计算

2. 会计所采用的方法有(　　)。

  A. 会计分析方法　　　　　　B. 会计决策方法

  C. 会计核算方法　　　　　　D. 会计预测方法

## 项目小结

本项目主要内容包括：会计的含义、职能和特征；我国会计工作的管理体制；会计机构设置、会计人员及会计人员的职业道德；我国会计法律体系；会计核算方法等。其中,会计的含义、职能和会计核算方法是重点。本项目是会计入门知识,多数学习者初次接触会计,因此只要求初学者了解会计是什么、会计是干什么的、会计的有关理论等。本项目内容的学习将对后续项目内容的学习起到介绍和引导作用。

1-12　项目一参考答案

# 项目二　会计要素和会计等式

**知识目标**

1. 理解会计对象的含义;
2. 理解并掌握会计要素的具体内容;
3. 弄清会计等式的含义;
4. 学会认识经济业务的类型及其对会计等式的影响。

**能力目标**

1. 能辨识、确认企业的经济业务;
2. 能正确分析经济业务中所涉及的会计要素;
3. 能正确确认并分析经济业务的类型。

**素养与思政目标**

1. 通过认识企业的经济业务内容,树立对企业资产保值、对外履行经济义务的意识。
2. 通过学习会计要素内容,培养学生爱岗敬业精神,树立理财观念。
3. 通过分组讨论,学习会计等式所蕴含的哲学思维。

 **任务一　认识会计对象**

 情景导入

远大公司是一家工业企业。近几天,会计刘明带领大智到公司各个部门调研,了

019

（续上）

解公司的生产经营环节和产品工艺流程。工业企业一般应设立哪些部门？有哪些生产经营环节？又有哪些生产经营业务呢？

会计对象是指会计所反映和监督的内容，亦即企业和行政事业单位中能以货币表现的经济活动（经济业务）。例如，某单位用现金购买办公用品，毫无疑问这项活动可以用货币来加以表现，所以这项活动就是会计对象；反之，不能用货币表现的经济活动，就不是会计的对象。

想一想

单位支付职工工资、报销差旅费、交纳税金、签订经济合同、任免干部、制订销售计划，都是会计的对象吗？

### 1. 工业企业的主要经济业务

企业为了从事生产经营活动，必须拥有一定数量的资金，用于建造厂房、购买机器设备、购买材料、支付工资和其他费用。有了这些条件，企业就可以开始生产经营活动了。

工业企业的主要经济活动是组织商品生产和销售。工业企业的生产经营活动可以分为供应、生产和销售三个主要经营过程。

供应过程是生产的准备阶段，主要经济业务有：企业用银行存款或现金购买各种材料、物资等劳动对象，材料入库、支付采购费用，以及进行非现金形式结算业务等。

在生产过程中，企业生产领用材料，工人利用劳动手段加工劳动对象，使材料变成新产品。在这个过程中，发生材料消耗、工资支付、固定资产磨损、水电动力费用支付、按期进行费用结转、计算成本等经济业务。

在销售过程中，企业将生产的产品通过市场交换销售出去，然后按等价交换的原则收回货款。销售收回的货款既包括已销售产品的成本，还包括一部分利润，于是发生了工资支付、货款结算、债务清偿、税金交纳、利润分配等经济业务。

想一想

一个面粉加工厂，在生产经营活动中有哪些主要经济业务？

### 2. 商品流通企业的主要经济业务

商品流通企业的主要经济活动是组织商品交换，按照等价交换的原则购入商品、销售商

品。商品流通企业的主要经济业务是购进商品、支付采购费用、进行货款结算等。商品售价与其进价的差额就是毛利。商品流通企业同样发生交纳税金和进行利润分配等经济业务。

##  任务二　熟知会计要素

 情景导入

公司会计人员把每笔经济业务都记录下来，做到"日清月结"，那么要记录哪些经济业务？如何分门别类记录？到底有哪些类别和项目？

会计要素是指对会计对象具体内容所做的最基本分类，是会计对象基本的、主要的组成部分。《企业会计准则》规定，企业会计要素划分为资产、负债、所有者权益、收入、费用和利润六项。

2-1　会计要素的关系

### 一、资产

#### （一）资产的概念

资产是指过去的交易或事项形成的、由企业拥有或控制的、预期会给企业带来经济利益的资源。

 小提示

关于资产的概念，可从四个方面理解：资产是一种经济资源；是由过去的交易或事项所形成的；是由企业拥有或控制的；能给企业带来未来经济利益。

2-2　资产确认条件

#### （二）资产的分类

资产按其流动性的强弱，可以分为流动资产、非流动资产。

 知识扩展

"流动性"指它们变为现金或被耗用的难易程度（或变现能力）。变现快，说明其流动性相对较强，变现慢，说明其流动性相对较弱。

1. 流动资产

流动资产是指可以在1年（含1年）或者超过1年的一个营业周期内变现或耗用的资

产,主要包括库存现金、银行存款、应收及预付款项、存货等。

库存现金是指存放在企业保险柜里,由出纳员保管的货币资金,与银行存款一起统称为货币资金。

银行存款是指存放在银行,由银行保管的货币资金,与现金一起统称为货币资金或货币资产。

应收及预付款项是指企业在日常的经营过程中发生的各种债权,包括应收款项(含应收票据、应收账款、其他应收款)和预付账款等。

存货是指企业在日常经营过程中持有以备出售,或者仍然处在生产阶段,或者在生产或提供劳务过程中将消耗掉的各种材料或物资等,包括原材料、库存商品、周转材料等。

2. 非流动资产

非流动资产是指流动资产以外的资产,包括长期股权投资、固定资产、无形资产、商誉、长期待摊费用等。

长期股权投资是指通过投资取得被投资单位的股份。

固定资产是指使用期限超过1年的房屋、建筑物、机器、机械、运输工具以及其他与生产、经营有关的设备、器械、工具等。

无形资产是指企业为生产商品或者提供劳务、出租给他人或为管理目的而持有、没有实物形态的非货币性长期资产,包括专利权、商标权、土地使用权等。

商誉是指企业获得超额收益的能力。其价值通常表现在该企业的获利能力超过了一般企业的获利水平。

长期待摊费用是指企业已经发生,但应当由本期和以后各期负担的摊销期在1年以上的各项费用。

资产的分类如图2-1所示。

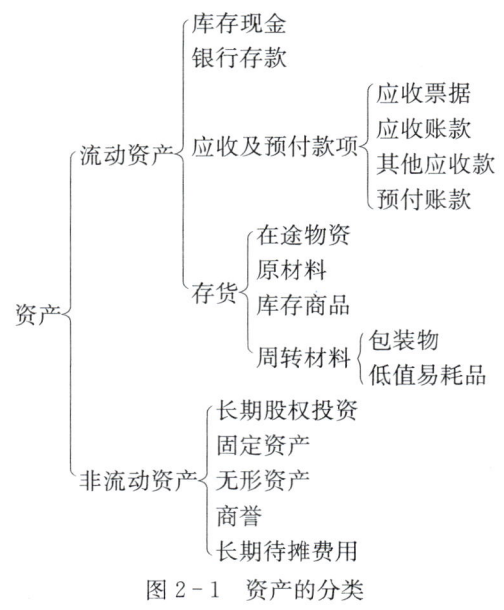

图2-1 资产的分类

## 二、负债

### (一) 负债的概念

负债是指由企业过去的交易或事项形成的、预期会导致经济利益流出企业的现时义务。

> 负债的概念可从三个方面理解：负债是一项经济责任，它需要企业进行偿还；是由过去的交易或事项形成的；清偿负债会导致企业未来经济利益的流出。

### (二) 负债的分类

负债按其流动性可分为：流动负债、非流动负债。

(1) 流动负债是指将在1年（含1年）或者超过1年的一个营业周期内偿还的债务，包括短期借款、应付票据、应付账款、预收账款、应付职工薪酬、应付股利、应付利息、应交税费、其他应付款等。

短期借款是指借款期限在1年（含1年）内的银行借款。

应付票据是指企业因购买材料、商品和接受劳务等开出并承兑的票据。

应付账款是指应付给供应单位的购买材料物资的款项。

预收账款是指按照购销合同，企业向购货单位预收的款项。

应付职工薪酬是指应支付给员工的劳动报酬及福利费等。

应付股利是指应付给投资者的现金股利或利润。

应付利息是指企业按合同约定支付的借款利息。

应交税费是指应向国家交纳的各项税费。

其他应付款是指除上述负债以外的其他各项应付、暂收的款项。

(2) 非流动负债是指偿还期在1年或者超过1年的一个营业周期以上的负债，包括长期借款、应付债券、长期应付款等。

长期借款是指借款期限在1年以上的银行借款。

应付债券是指企业发行的1年期以上的债券。

长期应付款是指企业除长期借款、应付债券之外的其他一切长期应付款，包括应付融资租赁款等。

负债的分类如图2-2所示。

## 三、所有者权益

### (一) 所有者权益的概念

所有者权益是指所有者在企业资产中所享有的经济利益。其金额为资产减去负债后的

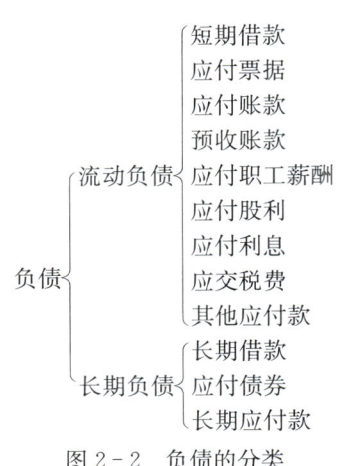

图2-2　负债的分类

余额。其来源包括所有者投入的资本、直接计入所有者权益的利得和损失、留存收益等。

>  **知识扩展**
>
> 　　利得是指由企业非日常活动所形成的、会导致所有者权益增加的、与所有者投入资本无关的经济利益的流入。
> 　　损失是指由企业非日常活动所发生的、会导致所有者权益减少的、与向所有者分配利润无关的经济利益的流出。
> 　　直接计入所有者权益的利得和损失是指不应计入当期损益，会导致所有者权益发生增减变动的、与所有者投入资本或者向所有者分配利润无关的利得或者损失。

### (二) 所有者权益的分类

所有者权益包括实收资本、资本公积、盈余公积和未分配利润。

(1) 实收资本(或股本)是指投资者按照企业章程或合同、协议的约定，实际投入企业的资本。

(2) 资本公积是指归所有者共同拥有的资本，包括投资者投入企业的资本超过注册资本或股本中所占份额的部分以及直接计入所有者权益的利得和损失。

2-3　股东非法转出资本公积

>  **知识扩展**
>
> 　　甲公司由A、B、C共同出资组建。注册资本60万元，其中A、B、C各投入20万元，投资款均到位。3年后，D投资人愿意用30万元与A、B、C合资，其中的20万元作为D

(续上)

> 投资人的投入资本，其余的10万元则作为资本溢价，由四位投资人共同享有。这里，10万元的资本溢价就是资本公积。

（3）盈余公积是指企业按规定从净利润中提取的各种公积金。

（4）未分配利润是指企业本期未分配完或留待下期分配的利润。

盈余公积和未分配利润又称为留存收益。

所有者权益的分类如图2-3所示。

$$\text{所有者权益}\begin{cases} \text{实收资本} \\ \text{资本公积} \\ \text{盈余公积} \\ \text{未分配利润} \end{cases}$$

图2-3　所有者权益的分类

## 四、收入

### (一) 收入的概念

收入是指企业在日常经济活动中形成的、会导致所有者权益增加的、与所有者投入资本无关的经济利益的总流入。它包括销售商品、提供劳务取得的收入，让渡资产使用权取得的收入。

### (二) 收入的分类

收入可以分为主营业务收入和其他业务收入。

（1）主营业务收入是指企业经常性的、主要业务所产生的收入。不同行业的主营业务收入所包括的内容各不相同，主营业务收入一般占企业营业收入的比重很大，对企业的经济利益产生重大的影响。

（2）其他业务收入是指企业非经常性的兼营的业务产生的收入，如原材料销售、包装物出租等收入。

## 五、费用

### (一) 费用的概念

费用是指企业在日常活动中所发生的、会导致所有者权益减少的、与向所有者分配利润无关的经济利益的总流出。

### (二) 费用的分类

费用按其是否能计入产品成本可以划分为计入产品成本中的费用和期间费用。

#### 1. 计入产品成本中的费用

它包括直接费用和间接费用。

直接费用是指直接为生产产品或提供劳务而发生的各项费用,包括直接材料费、直接人工费。直接材料费是指用于产品生产并被产品直接消耗的各种材料。直接人工费是指直接生产产品工人的工资等各种薪酬。

间接费用是指间接为生产产品或提供服务而发生的各项费用。它包括间接材料费、间接人工费等。间接费用即指制造费用。

制造费用是指企业生产单位(分厂、车间)为组织和管理生产而发生的各项费用。如管理人员的薪酬、消耗的材料、办公费、折旧费等。

### 2. 期间费用

期间费用是指企业在日常活动中发生的、应当计入当期损益的费用,包括销售费用、管理费用、财务费用。

销售费用是指企业在销售商品过程中所发生的各种费用。

管理费用是指为组织和管理企业的生产经营所发生的各种费用。

财务费用是指企业为筹集生产经营所需资金等而发生的费用。

费用的分类如图2-4所示。

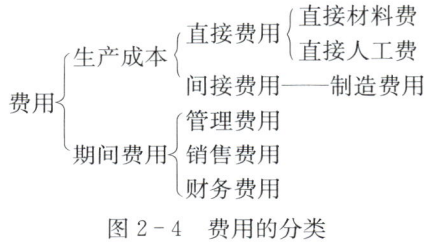

图2-4 费用的分类

## 六、利润

利润是指企业在一定会计期间的经营成果,包括收入减去费用后的净额、直接计入当期损益的利得和损失。

利润有营业利润、利润总额、净利润之分。

营业利润是指企业在日常活动中实现的利润,即:营业收入减去营业成本、税金及附加、销售费用、管理费用、财务费用和资产减值损失后,再加上投资收益。投资收益是指企业对外投资所取得的收益,减去发生的投资损失和计提的投资减值准备后的净额。

利润总额是营业利润加上营业外收入减去营业外支出后的净额。营业外收入和营业外支出是指企业偶然发生的与日常活动没有直接关系的各项利得和损失。

净利润是指利润总额减去所得税费用后的净额。所得税费用是指企业向国家上交所得税后所形成的费用。

2-4 会计计量属性

## 思考与练习

一、复习思考题

1. 会计的对象是什么?
2. 会计要素的具体内容包括哪些?
3. 通过会计六要素的学习,请你结合某一企业实际,列举出具体会计要素的例子。

二、判断题

1. 预收账款和预付账款均属于负债。                                （  ）
2. 所有者权益是指企业投资人对企业资产的所有权。              （  ）

三、单项选择题

1. 下列项目中,属于资产要素的是(    )。
   A. 应收账款                B. 预收账款
   C. 资本公积                D. 管理费用

2. 企业的原材料属于会计要素中的(    )。
   A. 资产                    B. 负债
   C. 所有者权益              D. 权益

3. 下列项目中,属于负债项目的是(    )。
   A. 预收账款                B. 财务费用
   C. 应收账款                D. 销售费用

4. 下列项目中,属于所有者权益要素的是(    )。
   A. 应付债券                B. 短期借款
   C. 长期借款                D. 实收资本

5. 下列项目中,属于企业流动负债的是(    )。
   A. 销售产品货款尚未收到    B. 购买材料货款未付
   C. 以存款购买办公桌        D. 收到某单位前欠货款

四、多项选择题

1. 下列项目中,属于企业流动资产的有(    )。
   A. 现金和银行存款          B. 预收账款
   C. 应收账款                D. 存货

2. 下列项目中,属于企业流动负债的有(    )。
   A. 应付账款                B. 财务费用
   C. 预收账款                D. 管理费用

3. 下列项目中,属于所有者权益的有(    )。
   A. 固定资产                B. 实收资本
   C. 资本公积                D. 盈余公积

五、实训题

实训一

（一）目的：练习会计要素的分类。

（二）资料：大新公司的会计要素具体项目如下：

库存现金、银行存款、应收票据、实收资本、应交税费、原材料、盈余公积、库存商品、短期借款、应付职工薪酬、预付账款、资本公积、应付债券、固定资产、未分配利润、主营业务收入、制造费用、长期借款、管理费用、预收账款、其他业务收入。

（三）要求：分析说明其属于哪个会计要素。

实训二

（一）目的：练习会计要素的分类。

（二）资料：如表 2-1 所示。

（三）要求：分析表 2-1 中的内容，将具体会计要素名称填入表 2-1。

### 表 2-1 经济业务与会计要素分类

| 经济业务 | 项目名称 | | |
|---|---|---|---|
| | 资产 | 负债 | 所有者权益 |
| （1）投资者投入的资金 70 万元 | | | |
| （2）购入专利权 10 万元 | | | |
| （3）销售部门用汽车 1 辆 40 万元 | | | |
| （4）购入的设备 90 万元 | | | |
| （5）应向前进工厂收回的销货款 30 万元 | | | |
| （6）应付给花冠公司的购货款 20 万元 | | | |
| （7）库存材料 10 万元 | | | |
| （8）准备销售的产成品 16 万元 | | | |
| （9）国家投入的资金 80 万元 | | | |
| （10）已购买但尚在途中的材料 4 万元 | | | |
| （11）应支付的工资 10 万元 | | | |
| （12）向银行借入为期两年的借款 20 万元 | | | |
| 金 额 合 计 | | | |

## 任务三　掌握会计要素之间的平衡关系

### 情景导入

会计恒等式是会计人员记账和算账的基础和前提,资产是公司已有的财产物资,那么权益又是什么?如果说资产是一枚硬币的正面,那么权益就是硬币的背面,这样理解对吗?两者反映了什么哲学原理?

### 一、资产与权益的平衡关系

企业要从事生产经营活动,必须要拥有一定的资源,如厂房、机器设备、材料等。企业拥有的这些资源从价值形式上看,是企业拥有一定数量的资金。这些资金从来源上看主要有两个:一是投资者投入的,二是债权人借入的。无论资金是投资者投入的,还是向债权人借入的,他们双方都会对企业的资产形成相应的要求权。我们把对企业资产的要求权称为"权益"。

可以看出,资产与权益是同一资金的两个方面,资产反映出资金存在的形态,权益则反映出资金的来源渠道。因此,作为同一资金两个方面的资产与权益之间存在着一种必然相等的关系,即:

$$资产 = 权益$$

**例 2-1** 甲、乙两投资人各出资 20 万元现金,成立远大公司。此时该公司的总资产为 40 万元,甲、乙对公司就拥有了 40 万元的所有权。用公式表示如下:

$$40 万元(资产) = 40 万元(所有者权益)$$

权益一般由两部分构成:一部分权益是由债权人提供的,称为债权人权益或负债。另一部分权益是投资人投入的,称为所有者权益。因此,可以把资产与权益的关系表述如下:

$$资产 = 负债 + 所有者权益$$

**例 2-2** 远大公司为扩大经营,决定向银行贷款 20 万元,此时该公司又增加了 20 万元的资产,同时也有了 20 万元的债务。用公式表示如下:

$$60 万元(资产) = 20 万元(负债) + 40 万元(所有者权益)$$

这一等式为会计的基本等式,这一平衡原理是设置账户、复式记账、试算平衡和编制会计报表的依据。它反映企业在某一时点上的财务状况。

企业在取得收入的同时,也必然要发生相应的费用。企业通过收入和费用的比较,才能计算会计期间的盈利水平。利润与收入和费用的数量关系可用公式表示如下:

$$收入-费用=利润$$

**例 2-3** 远大公司以 8 万元从外地某公司购入计算机元件,以 11 万元的价格全部售出,经营中发生了 1 万元的费用。此时,用公式表示如下:

$$11 万元(收入)-8 万元(采购成本)-1 万元(销售费用)=2 万元(利润)$$

这一等式反映企业在某一会计期间的经营成果。

企业是所有者(投资者)的企业,利润的实现表明所有者在企业中所有者权益数额的增加;反之,亏损的发生则表明所有者在企业中所有者权益数额的减少。将"收入-费用=利润"代入"资产=负债+所有者权益",有如下等式:

$$资产=负债+(所有者权益+利润)$$
$$=负债+(所有者权益+收入-费用)$$

或:

$$资产+费用=负债+所有者权益+收入$$

**例 2-4** 远大公司实现利润后,原来的公式可转化为:

$$62 万元(资产)=20 万元(负债)+40 万元(所有者权益)+2 万元(利润)$$

这一等式称为扩展会计等式,表明企业的财务状况与经营成果之间的相互联系。

## 二、经济业务对会计等式的影响

企业事业单位在从事经营活动过程中,会发生各种各样的经济业务。而每项经济业务的发生都会引起会计要素发生增减变化,从而也影响会计等式的变化。下面举例说明。

**例 2-5** 从银行提取现金 10 000 元备用。

分析:该经济业务的发生,使企业的一项资产(银行存款)减少 10 000 元,使另一项资产(库存现金)增加 10 000 元。资产内部一增一减,增减金额相等,会计等式仍然平衡。

> **想一想**
>
> 企业用银行存款购买固定资产,会引起会计要素怎样的变化?

**例 2-6** 从银行借入 3 月期借款 80 000 元,用于归还应付账款。

分析:该经济业务的发生,使企业的一项负债(短期借款)增加 80 000 元,另一项负债(应付账款)减少 80 000 元。负债内部一增一减,增减金额相等,会计等式仍然平衡。

> **想一想**
>
> 企业向银行借入长期借款偿还专项工程欠款,会引起会计要素怎样的变化?

2-6 经济业务类型及对会计等式的影响

**例 2-7** 将资本公积 50 000 元转增资本。

分析：该经济业务的发生，使企业的一项所有者权益（资本公积）减少 50 000 元，另一项所有者权益（实收资本）增加 50 000 元。所有者权益内部一增一减，增减金额相等，会计等式仍然平衡。

> **想一想**
>
> 企业用盈余公积金弥补亏损，会引起会计要素怎样的变化？

**例 2-8** 购入原材料 36 000 元，款项尚未支付。

分析：该经济业务的发生，使企业的资产（原材料）增加 36 000 元，负债（应付账款）也增加 36 000 元。等式两边等额同增，会计等式仍然平衡。

> **想一想**
>
> 企业向国外进口设备，款项未付，会引起会计要素怎样的变化？

**例 2-9** 用银行存款 20 000 元偿还应付账款。

分析：该经济业务的发生，使企业的资产（银行存款）减少 20 000 元，负债（应付账款）也减少 20 000 元，等式两边等额同减，会计等式仍然平衡。

> **想一想**
>
> 企业用现金偿还前欠某单位的货款，会引起会计要素怎样的变化？

**例 2-10** 收到某投资者投入企业 1 台机器，价值 60 000 元。

分析：该经济业务的发生，使企业的资产（固定资产）增加 60 000 元，所有者权益（实收资本）也增加 60 000 元。等式两边等额同增，会计等式仍然平衡。

> **想一想**
>
> 企业收到某单位投入商标权，会引起会计要素怎样的变化？

**例 2-11** 依法用银行存款退还某投资者的投资 75 000 元。

分析：该经济业务的发生，使企业的资产（银行存款）减少 75 000 元，所有者权益（实收资本）也减少 75 000 元，等式两边等额同减，会计等式仍然平衡。

### 想一想

某股东要求退股,经研究,同意以 1 台设备抵付退股款,会引起会计要素怎样的变化?

**例 2-12** 期末对利润进行分配,应向投资者分配股利 30 000 元。

分析:该经济业务的发生,使企业的所有者权益(利润分配)减少 30 000 元,负债(应付股利)增加 30 000 元。负债和所有者权益之间一增一减,增减金额相等,会计等式仍然平衡。

### 想一想

经批准,企业宣布用盈余公积金向投资者发放股利,会引起会计要素怎样的变化?

**例 2-13** 将企业的一项应付债券 80 000 元转为对企业的投资。

分析:该经济业务的发生,使企业的负债(应付债券)减少 80 000 元,所有者权益(实收资本)增加 80 000 元,所有者权益和负债之间一增一减,增减金额相等,会计等式仍然相等。

### 想一想

企业将一笔长期借款转作投入资本,会引起会计要素怎样的变化?

以上经济业务引起资产、负债和所有者权益的增减变动对会计等式的影响如表 2-2 所示。

表 2-2 经济业务对会计等式的影响

| 经济业务 | 资 产 | = | 负 债 | + | 所有者权益 |
| --- | --- | --- | --- | --- | --- |
| 1 | +10 000<br>-10 000 | | | | |
| 2 | | | +80 000<br>-80 000 | | |
| 3 | | | | | +50 000<br>-50 000 |
| 4 | +36 000 | | +36 000 | | |
| 5 | -20 000 | | -20 000 | | |

(续表)

| 经济业务 | 资　产 | = | 负　债 | + | 所有者权益 |
|---|---|---|---|---|---|
| 6 | +60 000 | | | | +60 000 |
| 7 | −75 000 | | | | −75 000 |
| 8 | | | +30 000 | | −30 000 |
| 9 | | | −80 000 | | +80 000 |

从表2-2可以看出，企业发生的经济业务对资产、负债和所有者权益的影响来看，不外乎以下九种基本类型：

（1）经济业务发生，引起资产项目内部之间此增彼减，增减的金额相等，会计等式仍然平衡，如例2-5。

（2）经济业务发生，引起负债项目内部之间此增彼减，增减的金额相等，会计等式仍然平衡，如例2-6。

（3）经济业务发生，引起所有者权益项目内部之间此增彼减，增减的金额相等，会计等式仍然平衡，如例2-7。

（4）经济业务发生，引起资产项目和负债项目同时等额增加，会计等式仍然平衡，如例2-8。

（5）经济业务发生，引起资产项目和负债项目同时等额减少，会计等式仍然平衡，如例2-9。

（6）经济业务发生，引起资产项目和所有者权益项目同时等额增加，会计等式仍然平衡，如例2-10。

（7）经济业务发生，引起资产项目和所有者权益项目同时等额减少，会计等式仍然平衡，如例2-11。

（8）经济业务发生，引起负债项目增加，所有者权益项目同时等额减少，会计等式仍然平衡，如例2-12。

（9）经济业务发生，引起负债项目减少，所有者权益项目同时等额增加，会计等式仍然平衡，如例2-13。

以上九种类型可概括为四种类型：① 等式两边等额同增，等式保持平衡；② 等式两边等额同减，等式保持平衡；③ 资产等额一增一减，等式保持平衡；④ 权益等额一增一减，等式保持平衡。

# 思考与练习

一、复习思考题

1. 为什么说无论发生什么样的经济业务，都不会破坏会计等式的平衡？

2. 举例说明经济业务的变化类型。

二、判断题

1. 会计基本等式所体现的平衡原理,是设置账户、进行复式记账和编制会计报表的理论依据。（   ）
2. 所有经济业务的发生,都会引起会计恒等式两边发生变化。（   ）
3. "资产＝负债＋所有者权益"这一等式反映企业某一时点上的财务状况。（   ）
4. 任何企业发生任何经济业务,会计等式的左右两方金额永远不变,故永远相等。
（   ）
5. 权益包括债权人权益和所有者权益。（   ）

三、单项选择题

1. 一个企业的资产总额与权益总额(　　)。
   A. 可能相等                B. 有时相等
   C. 必然相等                D. 只有在期末时相等
2. 下列项目中,引起资产和负债同时增加的经济业务是(　　)。
   A. 以银行存款购买材料      B. 取得银行借款存入银行存款户
   C. 以固定资产向外单位投资  D. 以银行存款偿还应付账款
3. 下列项目中,引起资产和负债同时减少的经济业务是(　　)。
   A. 以银行存款支付前欠货款  B. 以现金支付办公费用
   C. 购买材料货款尚未支付    D. 收回应收账款存入银行
4. 以银行存款交纳税金,所引起的变动为(　　)。
   A. 一项资产减少,一项所有者权益减少
   B. 一项资产减少,一项负债减少
   C. 一项所有者权益增加,一项负债减少
   D. 一项资产增加,另一项资产减少
5. 某企业资产总额 300 万元,如果发生以下经济业务：① 收到外单位投资 20 万元存入银行；② 以银行存款支付购入材料款 6 万元；③ 以银行存款偿还银行借款 5 万元。企业资产总额应为(　　)万元。
   A. 318                     B. 314
   C. 324                     D. 315

四、多项选择题

1. 下列项目中,正确的经济业务类型有(　　)。
   A. 一项资产增加,一项所有者权益减少
   B. 资产和负债同时增加
   C. 一项负债减少,一项所有者权益增加
   D. 资产和所有者权益同时增加
2. 下列业务中,属于引起会计等式左右两边会计要素变动的经济业务有(　　)。

A. 收到某单位前欠货款存入银行　　B. 以银行存款偿还银行借款

C. 收到某单位投来机器 1 台　　　D. 以银行存款偿还前欠货款

## 五、实训题

实训一

（一）目的：练习经济业务的发生对会计等式的影响类型。

（二）资料：大新公司 2024 年 2 月发生的经济业务如下。

（1）用银行存款购买材料；

（2）用银行存款支付前欠 A 单位货款；

（3）将盈余公积金转增资本；

（4）向银行借入长期借款，存入银行；

（5）收到所有者投入的设备；

（6）向国外进口设备，款未付；

（7）用银行存款归还长期借款；

（8）以固定资产向外单位投资；

（9）用应付票据归还前欠 B 单位货款；

（10）经批准，用收到的所有者资本金偿还应付给其他单位欠款；

（11）将一笔长期借款，转为对企业的投资；

（12）依法以银行存款退还某投资者的投资。

（三）要求：根据以上经济业务，说明经济业务的变化类型并填制表 2-3。

表 2-3　经济业务对会计等式的影响类型

| 经济业务类型 | 经济业务序号 |
| --- | --- |
| （1）一项资产增加，另一项资产减少 | |
| （2）一项负债增加，另一项负债减少 | |
| （3）一项所有者权益增加，另一项所有者权益减少 | |
| （4）一项资产增加，一项负债增加 | |
| （5）一项资产增加，一项所有者权益增加 | |
| （6）一项资产减少，一项负债减少 | |
| （7）一项资产减少，一项所有者权益减少 | |
| （8）一项负债减少，一项所有者权益增加 | |
| （9）一项负债增加，一项所有者权益减少 | |

实训二

（一）目的：练习经济业务的发生对会计等式的影响。

（二）资料：大新公司 2024 年 5 月份发生下列经济业务。

（1）国家投入新机器 1 台，价值 30 000 元；

(2) 以银行存款 10 000 元,偿还银行长期借款;
(3) 取得银行借款(期限半年)直接偿还前欠货款 25 000 元;
(4) 收回应收货款 20 000 元,存入银行;
(5) 从银行存款中提取现金 300 元;
(6) 以银行存款偿还前欠货款 15 000 元;
(7) 以现金支付职工预借差旅费 200 元。

(三) 要求:
(1) 分析上述各项经济业务引起哪些资产和权益项目发生增减变动;
(2) 将分析结果填入表 2-4 内。

表 2-4  经济业务与会计要素变动的关系

| 业务序号 | 经济业务类型 | 对资产和权益总额的影响 |
| --- | --- | --- |
| (1) | | |
| (2) | | |
| (3) | | |
| (4) | | |
| (5) | | |
| (6) | | |
| (7) | | |

# 项目小结

本项目主要内容包括:会计对象、会计要素、会计等式等。其中:会计六要素及各个要素的含义及分类需要学习者理解并熟记,会计等式、经济业务对会计等式的影响是本项目的重点又是难点,在学习中需要强化学习和训练。

2-7 项目二参考答案

# 项目三　账户与借贷记账法

## 知识目标

1. 明确会计科目与账户的含义及两者之间的区别与联系；
2. 熟悉企业常用的会计科目；
3. 掌握账户的基本结构、账户发生额和余额的计算；
4. 明确复式记账法的含义、原理和种类；
5. 知道借贷记账法、账户对应关系、对应账户、会计分录的含义；
6. 熟悉借贷记账法下各类账户的结构；
7. 熟练运用借贷记账规则，编制会计分录并登记账户；
8. 学会编制试算平衡表，以检查会计记录正确与否；
9. 明确总分类账户与明细分类账户的关系；
10. 掌握总分类账户与明细分类账户平行登记的要点。

## 能力目标

1. 能根据经济业务准确分析涉及的账户；
2. 能熟练运用账户的平衡关系，检验账户的正确性；
3. 能熟练运用借贷记账法，核算企业的典型业务；
4. 能运用借贷记账法，记录企业经济业务并登记账户；
5. 能编制试算平衡表，检验和查找记账的错误；
6. 能运用总分类账户与明细分类账户进行平行登记。

## 素养与思政目标

1. 通过设置与登记会计账户，培养学生认真、严谨、仔细的工作作风和精益求精的工匠精神。
2. 了解复式记账法的起源与传播,将其与中国经典的"四脚账"记账方法对比,培养学生对中华优秀传统文化的热爱,树立学生的民族自信心和自豪感。
3. 通过编制试算平衡表,培养学生耐心、细致、认真的学习态度及团结协作的精神。

## 任务一　熟记会计科目

### 情景导入

会计人员要想把公司的经济业务记在账簿上,除了要区分会计要素和项目,还必须熟悉会计科目。那么,为什么要熟记会计科目?会计科目对会计核算工作有哪些重要的作用和意义呢?

3-1　会计科目

### 一、会计科目的含义

会计科目是指对会计要素的具体内容进行分类的项目。例如,工业企业的厂房、机器设备、运输工具等都属于劳动资料,是固定资产的实物形态,为了反映其增减变动情况,就要将其归于一类,设置"固定资产"科目;为了反映企业债权债务的增减变动情况,就要分别设置"应收账款"和"应付账款"等科目。

### 知识扩展

确定会计科目必须符合会计准则的要求,每一个会计科目反映一个特定的内容,不能遗漏。会计科目的设置必须符合以下原则:

(1) 合法性原则,即设置会计科目应当符合会计法规及有关会计制度的规定,以保证各单位的会计信息真实、可比。

(2) 相关性原则,即会计科目的设置应满足对外报告与对内管理的要求,向信息使用者提供相关信息。

(3) 实用性原则,即应根据各单位的组织形式、所处行业、经营内容及业务等实际情况,在不违反会计准则中确认、计量和报告规定的前提下,各单位可自行增设、分拆、合并会计科目,以满足本单位的实际需要。

## 二、会计科目的分类

### （一）按经济内容分

会计科目按经济内容可分为五大类，即资产类、负债类、所有者权益类、成本类和损益类。

《企业会计准则——应用指南》中列示了六大类会计科目，本教材中涉及的仅是工业企业常用的五类会计科目，现列示如表3-1所示。

表3-1 企业常用会计科目表

| 编　号 | 名　　称 | 编　号 | 名　　称 |
| --- | --- | --- | --- |
|  | 一、资产类 | 2202 | 应付账款 |
| 1001 | 库存现金 | 2203 | 预收账款 |
| 1002 | 银行存款 | 2211 | 应付职工薪酬 |
| 1121 | 应收票据 | 2221 | 应交税费 |
| 1122 | 应收账款 | 2231 | 应付利息 |
| 1123 | 预付账款 | 2232 | 应付股利 |
| 1131 | 应收股利 | 2241 | 其他应付款 |
| 1132 | 应收利息 | 2501 | 长期借款 |
| 1231 | 其他应收款 | 2502 | 应付债券 |
| 1241 | 坏账准备 |  | 三、所有者权益类 |
| 1401 | 材料采购 | 4001 | 实收资本 |
| 1402 | 在途物资 | 4002 | 资本公积 |
| 1403 | 原材料 | 4101 | 盈余公积 |
| 1405 | 库存商品 | 4103 | 本年利润 |
| 1411 | 周转材料 | 4104 | 利润分配 |
| 1511 | 长期股权投资 |  | 四、成本类 |
| 1601 | 固定资产 | 5001 | 生产成本 |
| 1602 | 累计折旧 | 5101 | 制造费用 |
| 1604 | 在建工程 |  | 五、损益类 |
| 1701 | 无形资产 | 6001 | 主营业务收入 |
| 1702 | 累计摊销 | 6051 | 其他业务收入 |
| 1901 | 待处理财产损溢 | 6111 | 投资收益 |
|  | 二、负债类 | 6301 | 营业外收入 |
| 2001 | 短期借款 | 6401 | 主营业务成本 |
| 2201 | 应付票据 | 6402 | 其他业务成本 |

(续表)

| 编　号 | 名　　称 | 编　号 | 名　　称 |
| --- | --- | --- | --- |
| 6403 | 税金及附加 | 6603 | 财务费用 |
| 6601 | 销售费用 | 6711 | 营业外支出 |
| 6602 | 管理费用 | 6801 | 所得税费用 |

### 想一想

通过与会计六要素具体分类的对比,你能默写出会计科目表中资产类、负债类、所有者权益类、成本类和损益类会计科目吗?

3-2 会计准则下的会计科目

### (二) 按所提供信息的详细程度分

会计科目按所提供信息的详细程度可分为总分类科目和明细分类科目。

#### 1. 总分类科目

总分类科目又称总账科目或一级科目,它是总括地反映各会计要素的科目。是对会计对象不同经济内容所做的总括分类,如"固定资产""原材料""应收账款"等科目。

#### 2. 明细分类科目

明细分类科目是对总分类科目所含内容所做的进一步分类。明细分类科目又可分为细目和子目。

细目又称明细分类科目或三级科目,它是详细地反映各会计要素的科目。有的总分类科目反映的经济内容较多,还可在总分类科目和细目之间设置子目。子目又称二级科目,是对总分类科目的进一步分类,而细目是对子目的进一步分类。例如,工业企业可在"原材料"总账科目下设置"原料及主要材料""辅助材料""燃料"等子目,然后再依据材料规格、品种或型号等设置细目。可在"原料及主要材料"子目下进一步设"甲材料""乙材料"等细目。

### 小提示

按我国现行会计制度规定,总分类科目一般由财政部统一制定,明细分类科目除按会计制度规定设置的以外,各单位可根据实际情况自行设置。

另外,不是所有总分类科目都设置明细分类科目。有的总分类科目就不设明细分类科目,如"库存现金""银行存款"等总分类科目。

### 想一想

存货、流动资产、流动负债是不是会计科目？

### 思考与练习

一、复习思考题

1. 什么是会计科目？设置会计科目应遵循哪些原则？
2. 会计科目如何进行分类？

二、选择题

1. 会计科目是（    ）。

   A. 会计要素的名称　　　　　　B. 报表的名称

   C. 账户的名称　　　　　　　　D. 账簿的名称

2. 下列项目中，属于会计科目的有（    ）。

   A. 固定资产　　　　　　　　　B. 原材料

   C. 正在生产的产品　　　　　　D. 未完工程

三、实训题

（一）目的：练习会计科目按经济内容的分类。

（二）资料：大新公司 2024 年 3 月份经济业务内容如下。

（1）放在企业财务部门由出纳负责保管的现款；

（2）企业仓库里存放的各种原料及主要材料；

（3）企业的货车 1 辆；

（4）企业存放在银行和其他金融机构的款项；

（5）企业的厂房、仓库；

（6）企业商标权一项；

（7）企业生产车间为生产产品发生的直接材料费；

（8）企业从银行取得的为期 6 个月的借款；

（9）企业应付给职工的工资；

（10）企业赊购材料所欠货款；

（11）企业应交的各种税金；

（12）企业接受投资者的投资；

（13）企业销售产品取得的收入；

（14）企业销售材料取得的收入；

（15）企业当期支付的、摊销期为两年半的待摊费用；

(16) 企业因销售产品而发生的费用；

(17) 企业已经销售产品的成本；

(18) 企业管理部门发生的费用；

(19) 企业库存的外购商品、自制产品、商品等；

(20) 企业支付的借款利息；

(21) 企业生产车间为生产产品而发生的间接费用；

(22) 企业销售产品应收取的货款。

（三）要求：根据所给的经济业务资料，分别指出需运用的会计科目。

## 任务二　理解账户

### 情景导入

账户是公司会计记账的载体，它记录了公司的大量数据，并且把这些数据转为有价值的会计信息。那么，账户如何把零散的数据转换为会计信息？这些会计信息有哪些特点？

### 一、账户的含义

在经济业务发生时，只能通过会计科目描述其涉及的内容，而不能将其涉及的内容记录下来，因为会计科目只是规定了会计对象具体内容的类别名称。为了连续、系统、全面地记录经济业务引起的会计要素的增减变动，必须开设账户。

账户是指按照会计科目设置并具有一定的结构和格式，用来分类反映会计要素增减变化及结果的一种载体。

3-3　会计账户

### 想一想

"库存现金"会计科目和"库存现金"账户有何区别？

### 小提示

在实际工作中，人们往往对会计科目和账户不严加区分，通常把会计科目作为账户的同义语。

## 二、账户的分类

账户是根据会计科目设置的,同会计科目的分类相对应,账户也有两种不同的分类。

（1）按经济内容分：有资产类账户、负债类账户、所有者权益类账户、成本类账户和损益类账户。

（2）按提供核算指标的详细程度分：有总分类账户和明细分类账户。总分类账户又叫一级账户,简称总账账户；明细分类账户简称明细账账户。

> **小提示**
>
> 同会计科目一样,不是所有总分类账户都设置明细分类账户。有的总分类账户就不设明细分类账户,如"库存现金""银行存款"等总分类账户。

## 三、账户的结构

### （一）账户的基本结构

账户的结构就是账户的格式,是指登记经济业务的具体的账簿格式。尽管企业各项经济业务所引起的会计要素项目的变动是错综复杂的,但从数量上看,不外乎增加和减少两种情况。因此,作为分类记录经济业务的账户,其基本结构也必须相应地划分为左右两方：一方反映增加的数额,另一方反映减少的数额。同时,为了反映会计要素增减变动的结果,账户还必须反映结余的数额。

3-4 账户结构原理

> **想一想**
>
> 是不是所有账户的左方都反映增加额,右方都反映减少额呢？

> **小提示**
>
> 账户的左右两方中,究竟哪一方登记增加的数额,哪一方登记减少的数额,应由各会计主体所采用的记账方法和该账户所记录的会计要素的具体内容及账户的性质来决定,并非固定不变。只有掌握了某种记账方法之后,才能明白其中的道理。

为方便教学,账户的基本结构用简化的 T 形账户格式表示,如图 3-1 所示。

| (左方) | 账户名称(会计科目) | (右方) |
|---|---|---|
| | | |

图 3-1　账户的基本结构

### (二) 账户的一般结构(格式)

账户的格式可以多种多样,但一般来说,任何一种账户格式的设计都应当包含下列内容。

(1) 账户的名称,即会计科目,表明账户提供的核算内容。

(2) 日期,用以说明记录经济业务的日期。

(3) 凭证字号,表明记录经济业务的依据。

(4) 摘要,即经济业务内容的简要说明。

(5) 金额,包括本期发生额和余额。本期发生额又包括本期增加发生额和本期减少发生额。账户中登记本期增加的金额称为增加发生额,登记本期减少的金额称为减少发生额。账户的左右两方,一方用来登记增加,则另一方必然登记减少。余额按其表现的不同时间,又可分为期初余额和期末余额。期初余额,即会计期开始时的余额,也是上期的期末余额。期末余额,即会计期结束时的余额,也是下期的期初余额。账户发生额和余额之间的关系可表示为:

$$期末余额 = 期初余额 + 本期增加发生额 - 本期减少发生额$$

> **想一想**
>
> 例如,以"库存商品"账户为例,假定其期初余额为 200 000 元,本期增加额为 800 000 元,本期减少额为 840 000 元,则期末余额是多少?
>
> 又如,你的存折上原有存款额 1 000 元,本月存入 1 200 元,交手机费支出 80 元,购买衣服支出 360 元,此时对于你的存折来说,期初余额、本期增加发生额、本期减少发生额、期末余额分别是多少?

账户的一般格式如表 3-2 所示。

**表 3-2　账户的一般格式**

账户名称(会计科目)

| 年 | | 凭证号数 | 摘　　要 | 左　方 | 右　方 | 余　额 |
|---|---|---|---|---|---|---|
| 月 | 日 | | | | | |
| | | | | | | |

## 思考与练习

一、复习思考题

1. 什么是账户？账户按照不同的标准如何分类？
2. 简述账户的基本结构。
3. 试绘制账户的一般结构（格式）。

二、判断题

1. 账户是对会计对象的具体内容分类核算和监督的项目。　　　　　　　　（　　）
2. 一个账户的左方如果用来登记减少额，其右方一定用来登记增加额。　　（　　）
3. 所有总分类账户均应设置明细分类账户。　　　　　　　　　　　　　　（　　）
4. 会计科目是账户的名称。　　　　　　　　　　　　　　　　　　　　　（　　）

三、多项选择题

1. 下列项目中，属于资产类账户的有（　　　　）。
   A. 交易性金融资产　　　　　　　　　B. 短期借款
   C. 库存商品　　　　　　　　　　　　D. 应付职工薪酬
2. 账户的基本结构有（　　　　）。
   A. 增加数　　　　　　　　　　　　　B. 减少数
   C. 余额数　　　　　　　　　　　　　D. 借方数

四、实训题

实训一

（一）目的：练习会计科目的分类和会计等式的应用。

（二）资料：大新公司发生下列各项经济业务。

(1) 存放在出纳处的库存现金 500 元；
(2) 存放在银行里的款项 144 500 元；
(3) 向银行借入 3 个月期限的临时借款 600 000 元；
(4) 仓库中存放的材料 380 000 元；
(5) 仓库中存放的已完工产品 60 000 元；
(6) 已购买但尚在途中的材料 75 000 元；
(7) 向银行借入 1 年以上期限的借款 1 450 000 元；
(8) 房屋及建筑物 2 400 000 元；
(9) 所有者投入的资本 2 000 000 元；
(10) 机器设备 750 000 元；
(11) 应收外单位的货款 140 000 元；
(12) 应付给外单位的材料款 120 000 元；
(13) 以前年度积累的未分配利润 280 000 元；

(14) 对外长期股权投资 500 000 元。

(三) 要求：

(1) 把上列各经济业务的会计科目名称及所属会计要素，填入表 3-3 内。

(2) 试算资产总额是否等于权益总额。

表 3-3　会计科目的分类和会计等式的应用

| 序号 | 会 计 科 目 | 资　产 | 负　债 | 所有者权益 |
| --- | --- | --- | --- | --- |
| 1 | 库存现金 | 500 | | |
| 2 | | | | |
| 3 | | | | |
| 4 | | | | |
| 5 | | | | |
| 6 | | | | |
| 7 | | | | |
| 8 | | | | |
| 9 | | | | |
| 10 | | | | |
| 11 | | | | |
| 12 | | | | |
| 13 | | | | |
| 14 | | | | |
| 总　　计 | | | | |

实训二

(一) 目的：练习账户发生额和余额的平衡关系。

(二) 资料：如表 3-4 所示。

(三) 要求：计算表 3-4 空格中的数字。

表 3-4　账户发生额和余额的平衡关系

| 账户名称 | 期初余额 | 本期增加发生额 | 本期减少发生额 | 期末余额 |
| --- | --- | --- | --- | --- |
| 银行存款 | 430 000 | 1 985 000 | 2 040 000 | |
| 固定资产 | 2 400 000 | | 496 000 | 1 920 000 |
| 短期借款 | | 260 000 | 160 000 | 300 000 |
| 应付账款 | 230 000 | 200 000 | | 55 000 |

# 任务三　掌握复式记账法

## 情景导入

大智在学校学习时就知道,公司财务记账必须采用借贷记账法,但是为什么要采用借贷记账法记账,而不用其他的记账方法,他有点不懂,只知道这是国家的规定。那么,我国所有的企业单位和行政事业单位都要采用借贷记账法吗?借贷记账法有哪些优势?

## 一、复式记账法

账户设置后,如何将发生的经济业务记录到账户中去,涉及记账方法问题。所谓记账方法,就是在账户中登记经济业务的方法。目前国际上通用的是复式记账法。

所谓复式记账法,就是以资产和权益平衡关系作为记账基础,对发生的每一项经济业务,都以相等的金额,在相互关联的两个或两个以上账户中进行记录的记账方法。

任何一项经济业务的发生,都会引起两个或两个以上会计要素具体项目发生相应增减变动。这些变动或者引起资产和权益双方项目同时等额增加或减少,或者引起资产和权益一方有关项目等额此增彼减,这样资产和权益永远保持平衡关系。为了将经济业务反映清楚,就必须把每笔经济业务所涉及的具体项目记录下来,要求在两个或两个以上账户中以相等的金额进行同时登记。例如,用现金900元购买材料。这笔经济业务就涉及现金和材料两个项目,不仅要在"库存现金"账户中记减少900元,同时以相等的金额在"原材料"账户中记增加900元。根据复式记账结果,通过账户就可以看出库存现金减少用到哪里去了,原材料增加的钱是从何而来。又如,购进一批材料价值78 000元,其中以银行存款支付68 000元,其余货款暂欠。这笔经济业务涉及三个具体项目,即"原材料""银行存款"和"应付账款",这就需要在三个账户中分别进行登记。在"原材料"账户中登记材料增加78 000元,在"银行存款"账户中登记银行存款减少68 000元,在"应付账款"账户中登记欠款增加10 000元。根据登记结果,通过账户就可能看出,材料增加是银行存款减少和应付账款增加的结果。

对每一项经济业务所引发的交易或事项,都以相等的金额同时在两个或两个以上相关联的账户中作双重记录,以便充分揭示资金运动的来龙去脉,这就是复式记账原理。

## 知识扩展

复式记账法的特点:

（续上）

> （1）能够全面反映经济业务引起的资产、权益的变化及其结果。
> （2）能使账户之间保持相应平衡关系，便于通过两个或两个以上账户的对应关系检查账户记录的正确性。
> 由此可见，复式记账法是一种比较科学的记账方法。

复式记账法包括借贷记账法、增减记账法和收付记账法。其中，借贷记账法是世界各国普遍采用的一种记账方法。我国《企业会计准则》规定，我国所有企业都应该采用借贷记账法。

## 二、借贷记账法

### （一）借贷记账法的含义

借贷记账法是以"借""贷"作为记账符号，以"有借必有贷，借贷必相等"作为记账规则的一种复式记账法。

**知识扩展**

> 最早的"借""贷"两字分别表示债权、债务的增减变化。随着商品经济的进一步发展，社会经济活动内容不断拓展，借贷记账法得到了广泛的运用，记账对象不再局限于债权、债务关系，而是扩大到财产物资、经营损益等方面。"借""贷"两字也逐渐失去原来的字面含义，而转化为纯粹的记账符号，用于标明记账的方向。即账户的左方为借方，右方为贷方。

### （二）借贷记账法的主要特点

#### 1. 以"借"和"贷"作为记账符号

记账符号是会计核算中采用的表示其核算对象增减变化的记账标志，它可以用来表明经济业务变动的方向，即用来确定发生的经济业务应当记入一个账户的特定方向的标志。借贷记账法以"借"和"贷"作为记账符号，用来表示会计要素的增减变动情况和结果。"借"和"贷"的具体含义是：

（1）在T形账户中，"借"表示账户的左方，称为借方；"贷"表示账户的右方，称为贷方。

（2）"借"表示资产、成本、费用的增加和负债、所有者权益及收入、利润的减少；"贷"表示负债、所有者权益及收入、利润的增加和资产、成本、费用的减少。

#### 2. 以"有借必有贷，借贷必相等"作为记账规则

借贷记账法作为复式记账法的一种，对发生的每一项经济业务，都要以借贷相反的方向，同时在两个或两个以上相互关联的账户中进行登记，而且，记入借方的金额合计和记入

贷方的金额合计必须相等，这就形成了"有借必有贷，借贷必相等"的记账规则。

### 3. 借贷记账法不要求对全部账户进行固定分类

在借贷记账法下，由余额的性质来决定账户的类别，有些账户可以具有资产、负债和所有者权益双重性质。

### 4. 账户的借方和贷方保持平衡关系

借贷记账法对每一项经济业务都以相等的金额，在相互关联账户的借方和贷方进行登记，使每一项经济业务的借、贷双方保持平衡。因此，在把一个会计期间内发生的经济业务全部登记入账后，所有账户的本期借方发生额合计数与所有账户的本期贷方发生额合计数必然相等，从而，所有账户的借方余额之和与所有账户的贷方余额之和也必然相等。这种平衡关系用公式表示如下：

$$全部账户本期借方发生额合计 = 全部账户本期贷方发生额合计$$

$$全部账户借方余额合计 = 全部账户贷方余额合计$$

通过账户中借方与贷方的平衡关系，可以对账户进行试算平衡，检查账户记录是否正确。

## （三）借贷记账法的账户结构

前已述及，账户的基本结构分为左右两方，在借贷记账法下，左方为借，右方为贷。但具体哪一方记录增加，哪一方记录减少，则需要根据账户反映的经济内容来确定。

### 1. 资产类账户的结构

资产类账户的期初余额记入账户的借方。资产的增加，记入账户的借方；资产的减少，记入账户的贷方。期末余额一般在借方。

资产类账户余额、发生额的关系式如下：

$$期末借方余额 = 期初借方余额 + 本期借方发生额 - 本期贷方发生额$$

其基本结构如图3-2所示。

| 借方 | 资产类账户 | 贷方 |
|---|---|---|
| 期初余额 |  |  |
| 本期增加额 | 本期减少额 |  |
| 期末余额 |  |  |

图3-2 资产类账户的结构

### 2. 负债类和所有者权益类账户的结构

负债类和所有者权益类账户的期初余额记入账户的贷方。负债和所有者权益的增加，记入账户的贷方；负债和所有者权益的减少，记入账户的借方。期末余额一般在贷方。

负债类和所有者权益类账户余额、发生额的关系式如下：

$$期末贷方余额 = 期初贷方余额 + 本期贷方发生额 - 本期借方发生额$$

其基本结构如图3-3所示。

| 借方 | 负债类和所有者权益类账户 | 贷方 |
|---|---|---|
|  | 期初余额 |  |
| 本期减少额 | 本期增加额 |  |
|  | 期末余额 |  |

图3-3 负债类和所有者权益类账户的结构

### 3. 费用成本类账户的结构

费用成本类账户的结构类似于资产类账户。增加记在借方,减少或转销额记在贷方。费用成本类账户期末一般没有余额。

其基本结构如图3-4所示。

| 借方 | 费用成本类账户 | 贷方 |
|---|---|---|
| 本期增加额 | 本期减少或转销额 |  |

图3-4 费用成本类账户的结构

> **小提示**
>
> 费用成本也是资产的耗费,因此它依附于资产的性质,其基本结构与资产类账户的结构基本相同。

### 4. 收入成果类账户的结构

收入成果类账户的结构类似于负债和所有者权益类的账户结构。增加记在贷方,减少或转销额记在借方。收入成果类账户期末一般没有余额。

其基本结构如图3-5所示。

| 借方 | 收入成果类账户 | 贷方 |
|---|---|---|
| 本期减少或转销额 | 本期增加额 |  |

图3-5 收入成果类账户的结构

项目三　账户与借贷记账法

> **小提示**
>
> 与所有者权益类账户不同的是,此类账户在期末要将收入的发生额之和一次全部转入"本年利润"账户,所以收入成果类账户期末结转后一般无余额。

> **知识扩展**
>
> 一般来说,各类账户的期末余额与记录增加额的一方在同一方向,即资产类账户的余额一般在借方,负债和所有者权益类账户的余额一般在贷方。
>
> 对账户的分类不能绝对化。某些账户既反映资产,又反映负债;既反映债权,又反映债务,属双重性质账户。

为了便于集中掌握各类账户的结构,现用T形账户归纳各类账户的借方和贷方所记录的经济业务内容,具体内容如图3-6所示。

| 借方 | | 账户名称(会计科目) | | 贷方 |
|---|---|---|---|---|
| 资产的增加 | (＋) | 资产的减少 | (－) | |
| 负债的减少 | (－) | 负债的增加 | (＋) | |
| 所有者权益减少 | (－) | 所有者权益增加 | (＋) | |
| 费用成本的增加 | (＋) | 费用成本的减少 | (－) | |
| 收入成果的减少 | (－) | 收入成果的增加 | (＋) | |

图3-6　各类账户记录的经济内容

3-7 账户结构记忆规则

3-8 借贷记账规则

### (四)借贷记账法的记账规则

借贷记账法的记账规则可以概括为:有借必有贷,借贷必相等。

> **想一想**
>
> 经济业务发生后如何记账?即如何将发生的经济业务记到账户中?

> **小提示**
>
> 运用借贷记账法记录经济业务时,首先,应该根据经济业务的内容,确定它所涉及的账户和账户的性质(属于资产、负债、所有者权益类账户,还是属于收入、费用、成本类账

（续上）

户）；其次，根据经济业务的内容，确定应在哪几个账户中反映增加，在哪几个账户中反映减少；最后，根据复式记账原理及借贷记账法的账户结构，确定记账方向，即是记入账户的借方，还是记入账户的贷方。根据分析的结果，将经济业务记入有关账户中。

下面举例说明借贷记账法的记账规则。

假设远大公司2024年4月份发生以下经济业务：

**例3-1** 2日，以银行存款15 000元购入材料。

分析：这项经济业务，涉及"银行存款"和"原材料"两个资产类账户对应发生一增一减变化。银行存款减少15 000元，记入"银行存款"账户的贷方；原材料增加15 000元，记入"原材料"账户的借方。把这项经济业务登记入账后结果如图3-7所示。

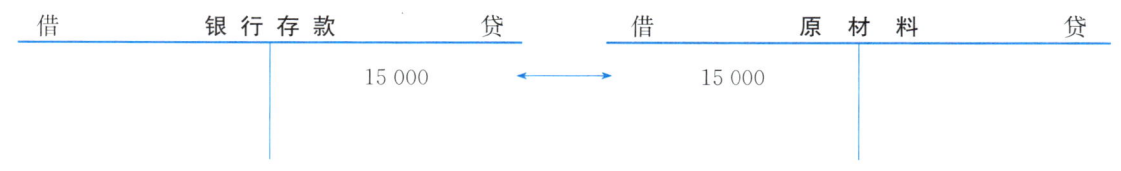

| 借 | 银 行 存 款 | 贷 | 借 | 原 材 料 | 贷 |
|---|---|---|---|---|---|
|  | 15 000 | ←→ | 15 000 |  |  |

图3-7 以存款购入材料的记账结果

**例3-2** 3日，向银行借入短期借款60 000元，直接归还前欠货款。

分析：这项经济业务，涉及"短期借款"和"应付账款"两个负债类账户对应发生一增一减变化。"短期借款"增加60 000元，记入该账户的贷方，"应付账款"减少60 000元，记入该账户的借方。把这项经济业务登记入账后结果如图3-8所示。

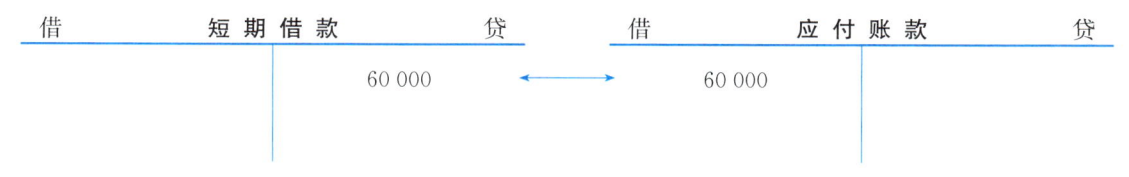

| 借 | 短 期 借 款 | 贷 | 借 | 应 付 账 款 | 贷 |
|---|---|---|---|---|---|
|  | 60 000 | ←→ | 60 000 |  |  |

图3-8 借入短期借款归还货款的记账结果

**例3-3** 8日，将资本公积10 000元转增资本。

分析：这项经济业务，涉及"资本公积"和"实收资本"两个所有者权益类账户的一增一减，"资本公积"减少10 000元，记在借方；"实收资本"增加10 000元，记在贷方。把这项经济业务登记入账后结果如图3-9所示。

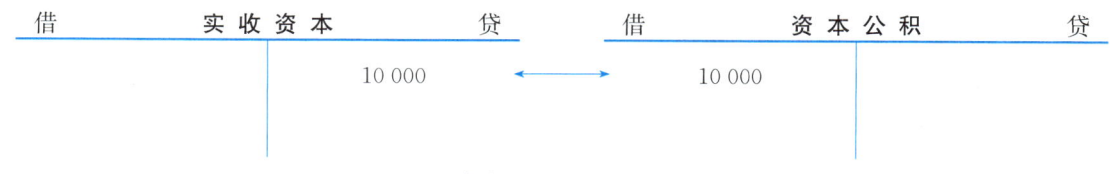

| 借 | 实 收 资 本 | 贷 | 借 | 资 本 公 积 | 贷 |
|---|---|---|---|---|---|
|  | 10 000 | ←→ | 10 000 |  |  |

图3-9 资本公积转增资本的记账结果

**例 3-4**　接受投资者投资 85 000 元，存入银行。

分析：这项经济业务，涉及资产类账户的"银行存款"和所有者权益账户的"实收资本"同时增加。"银行存款"增加 85 000 元记在借方；"实收资本"增加 85 000 元记在贷方。把这项经济业务登记入账后结果如图 3-10 所示。

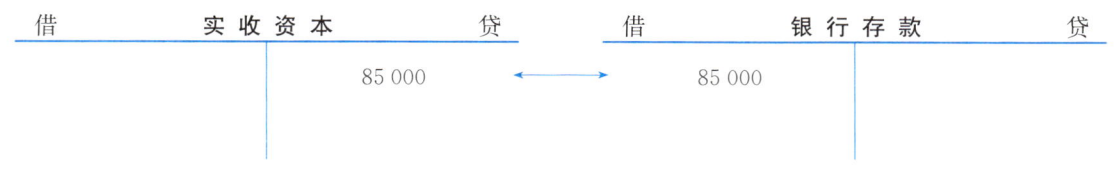

| 借 | 实　收　资　本 | 贷 | 借 | 银　行　存　款 | 贷 |
|---|---|---|---|---|---|
|  | 85 000 |  |  | 85 000 |  |

图 3-10　接受投资存入银行的记账结果

**例 3-5**　用银行存款归还应付账款 40 000 元。

分析：这项经济业务，涉及资产类账户的"银行存款"和负债类账户的"应付账款"同时减少。"银行存款"减少 40 000 元记在贷方；"应付账款"减少 40 000 元记在借方。把这项经济业务登记入账后结果如图 3-11 所示。

| 借 | 银　行　存　款 | 贷 | 借 | 应　付　账　款 | 贷 |
|---|---|---|---|---|---|
|  |  | 40 000 | 40 000 |  |  |

图 3-11　以存款归还应付账款的记账结果

**例 3-6**　借入 3 月期借款 70 000 元，存入银行存款户。

分析：这项经济业务，涉及资产类账户的"银行存款"和负债类账户的"短期借款"同时增加。"银行存款"增加 70 000 元记在借方，"短期借款"增加 70 000 元记在贷方。把这项经济业务登记入账后结果如图 3-12 所示。

| 借 | 短　期　借　款 | 贷 | 借 | 银　行　存　款 | 贷 |
|---|---|---|---|---|---|
|  | 70 000 |  |  | 70 000 |  |

图 3-12　取得短期借款存入银行的记账结果

**例 3-7**　购入原材料一批，价值 65 000 元，其中 50 000 元用银行存款支付，另外 15 000 元尚未支付。

分析：这项经济业务，涉及资产类账户的"原材料""银行存款"和负债类账户的"应付账款"三个账户的增减变化。"原材料"增加 65 000 元记在借方，"银行存款"减少 50 000 元记在贷方；"应付账款"增加 15 000 元记在贷方。把这项经济业务登记入账后结果如图 3-13 所示。

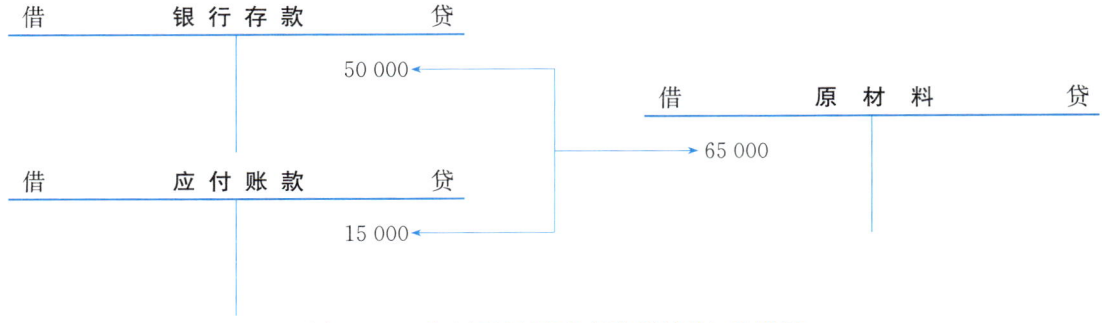

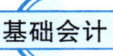

图 3-13 购入原材料并欠部分货款的记账结果

**例 3-8** 收回应收账款 60 000 元,其中 58 000 元存入银行,2 000 元收到现金。

分析:这项经济业务,涉及资产类账户的"应收账款""银行存款"和"库存现金"三个账户的增减变化。"应收账款"减少 60 000 元记在贷方;"银行存款"增加 58 000 元记在借方,"库存现金"增加 2 000 元记在借方。把这项经济业务登记入账后结果如图 3-14 所示。

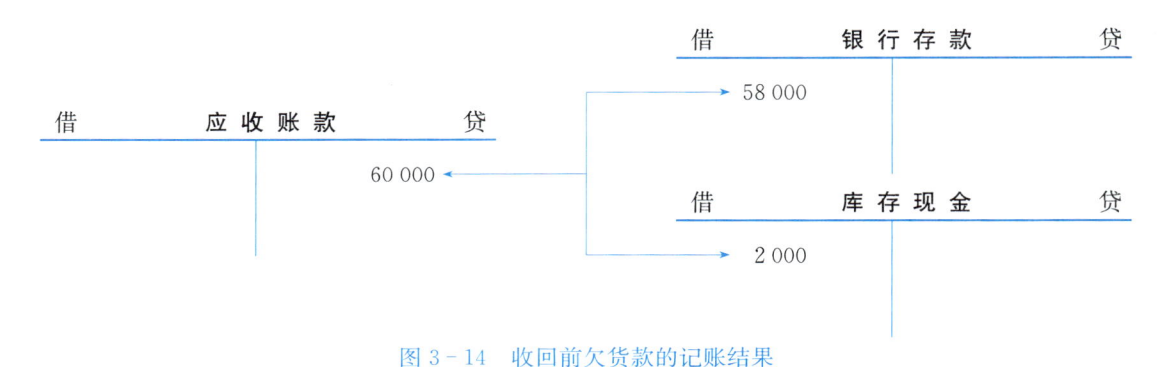

图 3-14 收回前欠货款的记账结果

以上八项经济业务,所引起的资产、权益的变化都符合"有借必有贷,借贷必相等"的借贷记账法的记账规则。

## 思考与练习

一、复习思考题

1. 什么是复式记账法?它有哪些特点?
2. 简述复式记账的原理。
3. 什么是借贷记账法?其主要特点有哪些?
4. 资产类账户与负债和所有者权益类账户的结构有何区别?
5. 资产类账户与负债和所有者权益类账户的期末余额如何计算?
6. 简述费用成本类和收入成果类账户的结构。
7. 借贷记账法的记账规则及其具体含义是什么?

## 二、判断题

1. 在借贷记账法下,账户的借方登记增加数,贷方登记减少数。（　　）
2. 一般来说,各类账户的期末余额与记录增加额的一方都在同一方向。（　　）
3. 一个账户的借方如果用来登记减少额,其贷方一定用来登记增加额。（　　）
4. 借贷记账法的记账符号是：借表示增加,贷表示减少。（　　）
5. 在借贷记账法下,只要借贷金额相等,账户记录就不会有错误。（　　）

## 三、单项选择题

1. 下列账户中,贷方登记增加数的是（　　）。
   A. "银行存款"　　　　　　　　　B. "销售费用"
   C. "短期借款"　　　　　　　　　D. "管理费用"

2. 借贷记账法的借方表示（　　）。
   A. 资产增加,负债和所有者权益减少
   B. 资产增加,负债和所有者权益增加
   C. 资产减少,负债和所有者权益减少
   D. 资产减少,负债和所有者权益增加

3. 借贷记账法的贷方表示（　　）。
   A. 资产减少,负债和所有者权益减少
   B. 资产增加,负债和所有者权益增加
   C. 资产减少,负债和所有者权益增加
   D. 资产增加,负债和所有者权益减少

4. 复式记账是对每项经济业务都要以相等的金额在（　　）相互联系的账户中进行记录的方法。
   A. 一个　　　　　　　　　　　　B. 两个
   C. 两个或两个以上　　　　　　　D. 所有

5. 账户的余额一般与（　　）在同一方向。
   A. 增加额　　　　　　　　　　　B. 减少额
   C. 发生额　　　　　　　　　　　D. 实际额

6. 采用复式记账的方法,主要是为了（　　）。
   A. 便于登记账簿
   B. 如实地、完整地反映经济业务的来龙去脉
   C. 提高会计工作的效率
   D. 便于会计人员的分工协作

## 四、多项选择题

1. 在借贷记账法下,账户的借方反映（　　）。
   A. 资产的增加　　　　　　　　　B. 负债的减少
   C. 所有者权益的减少　　　　　　D. 成本费用的减少

2. 账户的基本结构是账户分左右两方,一方登记增加数,另一方登记减少数,至于哪一方登记增加数,哪一方登记减少数取决于( )。
   A. 账户结构　　　　　　　　　　　B. 会计恒等式
   C. 会计要素的种类　　　　　　　　D. 采用记账方法的种类
3. 账户借方登记增加额的有( )。
   A. 资产　　　　B. 负债　　　　C. 成本　　　　D. 费用
4. 借贷记账法的"借"表示( )。
   A. 资产类账户的增加　　　　　　　B. 资产类账户的减少
   C. 权益类账户的增加　　　　　　　D. 权益类账户的减少
5. 借贷记账法的"贷"表示( )。
   A. 资产类账户的增加　　　　　　　B. 资产类账户的减少
   C. 权益类账户的增加　　　　　　　D. 权益类账户的减少

## 五、实训题

实训一

(一)目的:练习账户的分类。

(二)资料:如表 3-5 所示。

表 3-5　经济业务反映账户名称

| 序号 | 项 目 名 称 | 账 户 名 称 |||
|---|---|---|---|---|
| | | 资 产 | 负 债 | 所有者权益 |
| 1 | 企业仓库存放的材料 | | | |
| 2 | 财会部门存放的库存现金 | | | |
| 3 | 国家的投资款项 | | | |
| 4 | 已购买但尚在途中的材料 | | | |
| 5 | 企业拥有的专利权 | | | |
| 6 | 企业的厂房及机器设备 | | | |
| 7 | 企业向银行借入的 1 年期的借款 | | | |
| 8 | 应收回的预借职工差旅费 | | | |
| 9 | 企业在银行的存款 | | | |
| 10 | 企业存放在仓库的完工产品 | | | |
| 11 | 企业应付采购材料款 | | | |
| 12 | 企业利润中提取的公积金 | | | |
| 13 | 企业应付职工的工资 | | | |
| 14 | 企业应向国家上交的税金 | | | |

(三)要求:分析表中项目的内容应在哪些账户中反映,写出账户的名称。

实训二

(一)目的:练习登记 T 形账户。

(二)资料:2024 年 3 月 1 日,大新公司"银行存款"账户的余额为 50 000 元。该公司 3 月份的存款收支如下。

(1) 4 日,支用银行存款 10 000 元;

(2) 5 日,向银行存入现金 20 000 元;

(3) 12 日,支用银行存款 30 000 元;

(4) 20 日,向银行存入存款 200 000 元;

(5) 25 日,支用银行存款 40 000 元。

(三)要求:

1. 开设"银行存款"T 形账户,将上述经济业务登入该账户中。

2. 计算 2024 年 3 月 31 日"银行存款"账户的期末余额。

## 任务四　熟练掌握借贷记账法的应用

### 情景导入

远大公司发生的经济业务运用借贷记账法都已登记入账,下一步需要编制试算平衡表了,但试算平衡表中本期发生额和余额平衡的原理是什么?编制试算平衡表有哪些好处?请帮助大智分析一下。

### 一、账户对应关系和会计分录

(一)账户对应关系

根据借贷记账法的记账规则,在登记每项经济业务时,有关账户之间就发生了应借应贷的相互关系,账户之间的这种相互对立而又相互依存的关系,称为账户的对应关系。存在着对应关系的账户,被称为对应账户。

如例 3-1 中,"银行存款"账户和"原材料"账户即为对应账户。

通过账户的对应关系,就可以了解每笔经济业务的内容,掌握经济业务的来龙去脉,检查经济业务的处理是否合理合法。

(二)会计分录

为了方便记账工作,保证账户记录的正确性,在经济业务记入账户前,应先根据经济业务所涉及的账户名称、借贷方向和金额,编制会计分录,然后再据以登记入账。会计分录是标明某项经济业务应借、应贷账户及其金额的记录。会计分录的三要素：账户名称、记账方向、应记金额。

> **小提示**
>
> 编制会计分录的步骤是：
> (1) 分析该项业务所涉及的会计账户及其账户性质；
> (2) 确定应记金额；
> (3) 确定账户金额是增加还是减少；
> (4) 确定账户的应借、应贷方向。

现以前面所举的远大公司 2024 年 4 月份发生的八项经济业务为例，编制会计分录如下：

(1) 以银行存款 15 000 元购入材料。

　　借：原材料　　　　　　　　　　　　　　　　　　　　　　　　　　15 000
　　　　贷：银行存款　　　　　　　　　　　　　　　　　　　　　　　　15 000

(2) 向银行借入短期借款 60 000 元，直接归还前欠货款。

　　借：应付账款　　　　　　　　　　　　　　　　　　　　　　　　　　60 000
　　　　贷：短期借款　　　　　　　　　　　　　　　　　　　　　　　　60 000

(3) 将资本公积 10 000 元转增资本。

　　借：资本公积　　　　　　　　　　　　　　　　　　　　　　　　　　10 000
　　　　贷：实收资本　　　　　　　　　　　　　　　　　　　　　　　　10 000

(4) 接受投资者投资 85 000 元，存入银行。

　　借：银行存款　　　　　　　　　　　　　　　　　　　　　　　　　　85 000
　　　　贷：实收资本　　　　　　　　　　　　　　　　　　　　　　　　85 000

(5) 以银行存款归还应付账款 40 000 元。

　　借：应付账款　　　　　　　　　　　　　　　　　　　　　　　　　　40 000
　　　　贷：银行存款　　　　　　　　　　　　　　　　　　　　　　　　40 000

(6) 借入 3 月期借款 70 000 元，存入银行存款户。

　　借：银行存款　　　　　　　　　　　　　　　　　　　　　　　　　　70 000
　　　　贷：短期借款　　　　　　　　　　　　　　　　　　　　　　　　70 000

(7) 购入原材料一批，价值 65 000 元，其中 50 000 元用银行存款支付，另外 15 000 元尚未支付。

借：原材料　　　　　　　　　　　　　　　　　　　　　　　65 000
　　贷：银行存款　　　　　　　　　　　　　　　　　　　　　50 000
　　　　应付账款　　　　　　　　　　　　　　　　　　　　　15 000

（8）收回应收账款60 000元，其中58 000元存入银行，2 000元收到现金。

借：银行存款　　　　　　　　　　　　　　　　　　　　　　58 000
　　库存现金　　　　　　　　　　　　　　　　　　　　　　 2 000
　　贷：应收账款　　　　　　　　　　　　　　　　　　　　　60 000

**知识扩展**

会计分录按照每一个分录所涉及的账户个数及账户之间的关系可以分为两类：

简单会计分录，是指一个账户借方只和另一个账户贷方发生对应关系的会计分录，即一借一贷的会计分录。上述例3－1至例3－6所涉及的账户都只有两个，都是简单会计分录。

复合会计分录，是指由两个以上账户组成的一借多贷和一贷多借的分录，如例3－7、例3－8。复合会计分录实际上是由若干个简单分录合并而成的，凡是复合分录都可以拆分为若干个简单会计分录。编制复合会计分录可以集中反映某项经济业务的全面情况，且账户对应关系清楚，还可以达到简化记账手续的目的。

## 二、登记账户

登记账户也叫过账，就是将会计分录的借方金额和贷方金额转记到相应账户的过程。在账户的借方记录经济业务，可以称为借记某账户，在账户的贷方记录经济业务，可以称为贷记某账户。根据分析的结果，将经济业务记录到有关账户中。

现以表3－6的资料和前述远大公司2024年4月编制的会计分录为例，举例说明账户的登记方法。

假设远大公司2024年4月1日有关总分类账户期初余额如表3－6所示。

表3－6　总分类账户期初余额表

| 资　产 | 期初余额 | 负债和所有者权益 | 期初余额 |
| --- | --- | --- | --- |
| 库存现金 | 1 000 | 短期借款 | 20 000 |
| 银行存款 | 100 000 | 应付账款 | 120 000 |
| 应收账款 | 80 000 | 实收资本 | 165 000 |
| 原材料 | 4 000 | 资本公积 | 30 000 |
| 固定资产 | 150 000 |  |  |
| 合　　计 | 335 000 | 合　　计 | 335 000 |

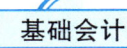

将期初余额及例3-1至例3-8中4月份的经济业务编制的会计分录登账并结账,如图3-15至图3-23所示。

| 借 | 库 存 现 金 | 贷 |
|---|---|---|
| 期初余额 | 1 000 | |
| | 2 000 | |
| 本期发生额 | 2 000 | 本期发生额 0 |
| 期末余额 | 3 000 | |

图3-15 "库存现金"账户的记账结果

| 借 | 银 行 存 款 | 贷 |
|---|---|---|
| 期初余额 | 100 000 | |
| | 85 000 | 15 000 |
| | 70 000 | 40 000 |
| | 58 000 | 50 000 |
| 本期发生额 | 213 000 | 本期发生额 105 000 |
| 期末余额 | 208 000 | |

图3-16 "银行存款"账户的记账结果

| 借 | 应 收 账 款 | 贷 |
|---|---|---|
| 期初余额 | 80 000 | |
| | | 60 000 |
| 本期发生额 0 | 本期发生额 | 60 000 |
| 期末余额 | 20 000 | |

图3-17 "应收账款"账户的记账结果

| 借 | 原 材 料 | 贷 |
|---|---|---|
| 期初余额 | 4 000 | |
| | 15 000 | |
| | 65 000 | |
| 本期发生额 | 80 000 | 本期发生额 0 |
| 期末余额 | 84 000 | |

图3-18 "原材料"账户的记账结果

| 借 | 固 定 资 产 | 贷 |
|---|---|---|
| 期初余额 | 150 000 | |
| 本期发生额 0 | 本期发生额 0 | |
| 期末余额 | 150 000 | |

图3-19 "固定资产"账户的记账结果

| 借 | 短 期 借 款 | 贷 |
|---|---|---|
| | 期初余额 | 20 000 |
| | | 60 000 |
| | | 70 000 |
| 本期发生额 0 | 本期发生额 | 130 000 |
| | 期末余额 | 150 000 |

图3-20 "短期借款"账户的记账结果

| 借 | 应 付 账 款 | 贷 |
|---|---|---|
| | 期初余额 | 120 000 |
| 60 000 | | 15 000 |
| 40 000 | | |
| 本期发生额 100 000 | 本期发生额 | 15 000 |
| | 期末余额 | 35 000 |

图3-21 "应付账款"账户的记账结果

| 借 | 实 收 资 本 | 贷 |
|---|---|---|
| | 期初余额 | 165 000 |
| | | 10 000 |
| | | 85 000 |
| 本期发生额 0 | 本期发生额 | 95 000 |
| | 期末余额 | 260 000 |

图3-22 "实收资本"账户的记账结果

| 借 | 资 本 公 积 | 贷 |
|---|---|---|
|  | 期初余额 | 30 000 |
| 10 000 |  |  |
| 本期发生额 10 000 | 本期发生额 | 0 |
|  | 期末余额 | 20 000 |

图 3-23 "资本公积"账户的记账结果

## 三、试算平衡

试算平衡是为了保证会计账务处理的正确性,依据复式记账和会计等式的原理,对本期各账户的全部记录进行汇总和测算,以检查和验证账户记录正确性和完整性的方法。

借贷记账法的试算平衡包括全部账户发生额试算平衡和全部账户余额试算平衡。

全部账户发生额试算平衡的公式如下：

$$全部账户本期借方发生额合计数 = 全部账户本期贷方发生额合计数$$

全部账户余额试算平衡的公式如下：

$$全部账户期初借方余额合计数 = 全部账户期初贷方余额合计数$$
$$全部账户期末借方余额合计数 = 全部账户期末贷方余额合计数$$

每个会计期末,在已经结出各个账户的本期发生额和期末余额的基础上,试算平衡通常是通过编制总分类账户本期发生额和余额试算平衡表进行的。

下面仍以上面远大公司 4 月份所发生的经济业务为例,说明总分类账户本期发生额和余额试算平衡表的编制。

根据以上账户,登记总分类账户本期发生额和余额试算平衡表如表 3-7 所示。

表 3-7 总分类账户本期发生额和余额试算平衡表

| 账户名称 | 期初余额 借方 | 期初余额 贷方 | 本期发生额 借方 | 本期发生额 贷方 | 期末余额 借方 | 期末余额 贷方 |
|---|---|---|---|---|---|---|
| 库存现金 | 1 000 |  | 2 000 | 0 | 3 000 |  |
| 银行存款 | 100 000 |  | 213 000 | 105 000 | 208 000 |  |
| 应收账款 | 80 000 |  | 0 | 60 000 | 20 000 |  |
| 原材料 | 4 000 |  | 80 000 | 0 | 84 000 |  |
| 固定资产 | 150 000 |  | 0 | 0 | 150 000 |  |

(续表)

| 账户名称 | 期初余额 借方 | 期初余额 贷方 | 本期发生额 借方 | 本期发生额 贷方 | 期末余额 借方 | 期末余额 贷方 |
|---|---|---|---|---|---|---|
| 短期借款 |  | 20 000 | 0 | 130 000 |  | 150 000 |
| 应付账款 |  | 120 000 | 100 000 | 15 000 |  | 35 000 |
| 实收资本 |  | 165 000 | 0 | 95 000 |  | 260 000 |
| 资本公积 |  | 30 000 | 10 000 | 0 |  | 20 000 |
| 合　　计 | 335 000 | 335 000 | 405 000 | 405 000 | 465 000 | 465 000 |

### 想一想

账户登记的结果,经过试算平衡就说明登账结果肯定正确,这种说法对吗?

### 小提示

表3-7中"期初余额""本期发生额""期末余额"各栏的借贷合计数如不相等,可以肯定会计记录或计算有错误。但即使借贷合计数额相等,也不能说明会计处理绝对正确,因为有些错误的发生不影响该表中借贷双方的平衡。如全部漏记或重记某一项经济业务;借贷方向记错或借贷双方等额记错以及错记账户等。对此应采取其他复核方法加以检验。

## 思考与练习

一、复习思考题

1. 什么是账户对应关系和对应账户?掌握账户对应关系有何意义?
2. 什么是会计分录?它有哪些类别?
3. 为什么在一般情况下不应编制多借多贷的会计分录?
4. 什么是过账?
5. 什么是试算平衡?借贷记账法下,如何进行试算平衡?

二、判断题

1. 通过试算平衡检查账簿记录,若借贷平衡就可以肯定记账无误。（　　）
2. 任何一笔会计分录都必须同时具备应记账户名称、记账方向和金额三大基本要素。（　　）

3. 在借贷记账法下,只要借贷金额相等,账户记录就不会有错误。（　　）
4. 会计平衡公式就是指"有借必有贷,借贷必相等"。（　　）
5. 复式记账法造成账户之间没有对应关系。（　　）
6. 复合会计分录,就是指多借多贷的会计分录。（　　）

### 三、单项选择题

1. 下列各项目中,属于简单会计分录的是(　　)。
    A. 一借一贷分录          B. 一借多贷分录
    C. 一贷多借分录          D. 多借多贷分录
2. 借贷记账法试算平衡的方法是(　　)。
    A. 总账及所属明细账的余额平衡
    B. 差额平衡
    C. 所有资产类和负债类账户的发生额平衡
    D. 所有发生额平衡和余额平衡

### 四、多项选择题

1. 在进行试算平衡时,下列错误中,不会影响借贷双方的平衡关系的有(　　)。
    A. 漏记某项经济业务          B. 某项经济业务记错有关账户
    C. 重记某项经济业务          D. 某个账户颠倒了记账方向
2. 下列会计分录中,属于复合会计分录的有(　　)。
    A. 一借一贷的会计分录          B. 一借多贷的会计分录
    C. 一贷多借的会计分录          D. 多借多贷的会计分录
3. 借贷记账法的试算平衡有(　　)。
    A. 资产总额试算平衡          B. 权益总额试算平衡
    C. 发生额试算平衡          D. 余额试算平衡

### 五、实训题

实训一

（一）目的：练习编制会计分录。

（二）资料：大新公司2024年3月份发生下列经济业务。

（1）5日,收到万方公司投入资金60 000元,存入银行;
（2）8日,由迅达工厂购进下列材料：A材料250千克,单价50元,计12 500元,B材料150千克,单价20元,计3 000元,款项已通过银行支付;
（3）16日,由银行取得6个月期借款40 000元,存入银行;
（4）16日,李季预借差旅费1 000元,以现金支付;
（5）18日,提取现金8 000元备发工资;
（6）18日,以现金8 000元支付应付职工工资;
（7）26日,以银行存款6 000元归还前欠迅达工厂货款;
（8）26日,以银行存款50 000元,购入设备1台。

（三）要求：根据上述资料编制会计分录。

实训二

（一）目的：练习会计分录的编制和总分类账户的登记。

（二）资料：大新公司2024年3月末的账户余额如表3-8所示。

表3-8　2024年3月末账户余额表

| 账　户 | 借或贷 | 余　额 | 账　户 | 借或贷 | 余　额 |
| --- | --- | --- | --- | --- | --- |
| 固定资产 | 借 | 500 000 | 库存现金 | 借 | 800 |
| 原材料 | 借 | 200 000 | 实收资本 | 贷 | 600 000 |
| 应收账款 | 借 | 11 500 | 短期借款 | 贷 | 120 000 |
| 银行存款 | 借 | 20 000 | 应付账款 | 贷 | 12 300 |

该公司4月份发生下列经济业务：

（1）国家投资新设备1台，价值500 000元；

（2）取得银行短期借款20 000元，存入银行；

（3）用银行存款偿还某单位材料款2 000元；

（4）从银行提取现金300元；

（5）收回某单位前欠货款1 500元，存入银行；

（6）取得银行短期借款10 000元，直接偿还前欠某单位材料款；

（7）收到某单位投资200 000元，存入银行。

（三）要求：

1．编制会计分录。

2．登记T形账户。

3．在各账户中结出本期发生额及期末余额。

实训三

（一）目的：练习编制"总分类账户本期发生额及余额试算平衡表"。

（二）资料：实训二资料。

（三）要求：根据实训二的资料，编制"总分类账户本期发生额及余额试算平衡表"。

## 任务五　总分类账与明细分类账的平行登记

### 情景导入

大智在财务部上班已经一个多月了，他处处留心，时时学习，平时看到会计刘明经

（续上）

常在财务软件的明细账上记来记去，财务部经理张山只是到月底才在软件上记录总账。大智知道登记总账与明细账的分工不同，但是他不知道远大公司采用的是什么记账流程？难道总账和明细账就不用平行登记了吗？

## 一、总分类账与明细分类账的关系

总分类账与明细分类账尽管反映经济内容的详细程度不同，但两者核算的内容是相同的，登记的原始依据也是相同的。因此，总分类账与明细分类账采取平行登记的方法。

所谓平行登记是指对每一项经济业务，既要记入有关的总分类账户，又要记入所属的明细分类账户。

总分类账与明细分类账平行登记的要点和方法：

（1）登记依据相同。登账时，两者都是以相关的会计凭证为依据。
（2）登记期间一致。登账时，经济业务所属的会计期间必须相同且必须全部登完。
（3）登记方向相同。经济业务登记入两者账户的方向必须一致。
（4）登记金额相等。登记入两者账户的经济业务的金额必须相等。

总分类账与其所属的明细分类账平行登记的结果，两者之间发生额及其余额形成如下关系：

总账期初借（贷）方余额＝所属明细账期初借（贷）方余额之和
总账本期借（贷）方发生额＝所属明细账本期借（贷）方发生额之和
总账期末借（贷）方余额＝所属明细账期末借（贷）方余额之和

## 二、举例

下面以"应付账款"账户为例，具体说明总账与明细账的平行登记。

**例 3-9** 2024 年 5 月初，远大公司"应付账款"总账及其所属明细账余额资料如下：
应付账款：

| | |
|---|---|
| 胜天公司明细账贷方余额 | 97 800 |
| 东方公司明细账贷方余额 | 31 000 |
| 应付账款总账贷方余额 | 128 800 |

远大公司 5 月份发生下列经济业务：
（1）3 日，向胜天公司购入甲材料，计货款 25 400 元。材料已验收入库，货款尚未支付。

借：原材料　　　　　　　　　　　　　　　　　　　　　　　　　　25 400
　　贷：应付账款——胜天公司　　　　　　　　　　　　　　　　　　25 400

(2) 10 日，以银行存款偿还前欠东方公司的货款 13 000 元。

借：应付账款——东方公司　　　　　　　　　　　　　　　　　　　　　13 000
　　贷：银行存款　　　　　　　　　　　　　　　　　　　　　　　　　　　13 000

(3) 22 日，向东方公司购入丙材料，货款计 14 700 元，材料已验收入库，货款暂欠。

借：原材料　　　　　　　　　　　　　　　　　　　　　　　　　　　　　14 700
　　贷：应付账款——东方公司　　　　　　　　　　　　　　　　　　　　　14 700

(4) 27 日，以银行存款归还前欠胜天公司甲材料货款 30 000 元。

借：应付账款——胜天公司　　　　　　　　　　　　　　　　　　　　　　30 000
　　贷：银行存款　　　　　　　　　　　　　　　　　　　　　　　　　　　30 000

根据上述资料和编制的会计分录，登记"应付账款"总账及其所属的明细账，如图 3-24、图 3-25、图 3-26 所示。

| 借 | 应付账款 | 贷 |
|---|---|---|
|  | 期初余额 | 128 800 |
| 13 000 |  | 25 400 |
| 30 000 |  | 14 700 |
| 本期发生额　43 000 | 本期发生额 | 40 100 |
|  | 期末余额 | 125 900 |

图 3-24　"应付账款"总账的记账结果

| 借 | 应付账款——胜天公司 | 贷 |
|---|---|---|
|  | 期初余额 | 97 800 |
| 30 000 |  | 25 400 |
| 本期发生额　30 000 | 本期发生额 | 25 400 |
|  | 期末余额 | 93 200 |

图 3-25　"胜天公司"应付账款明细账的记账结果

| 借 | 应付账款——东方公司 | 贷 |
|---|---|---|
|  | 期初余额 | 31 000 |
| 13 000 |  | 14 700 |
| 本期发生额　13 000 | 本期发生额 | 14 700 |
|  | 期末余额 | 32 700 |

图 3-26　"东方公司"应付账款明细账的记账结果

应付账款总账与其所属的明细账相核对。

期初余额：

总账为：128 800(元)

明细账为：97 800＋31 000＝128 800(元)

本期发生额：

总账为：借方：43 000(元)　贷方：40 100(元)

明细账为：借方：30 000＋13 000＝43 000(元)

　　　　　贷方：25 400＋14 700＝40 100(元)

期末余额：

总账为：125 900(元)

明细账为：93 200＋32 700＝125 900(元)

检查结果表明，"应付账款"总账的发生额、余额分别与其所属的明细账的发生额、余额相等。

## 想一想

平行登记的公式与试算平衡的公式有何区别？

3-11 总账与明细账平行登记

## 思考与练习

### 一、复习思考题

1. 总账与其所属的明细账平行登记的要点是什么？
2. 平行登记的公式与试算平衡的公式有何区别？

### 二、选择题

总账和明细账平行登记时，必须做到（　　）。

A. 记账时间相同　　　　　　　　B. 记账方向相同

C. 详简程度相同　　　　　　　　D. 记账金额相等

### 三、实训题

（一）目的：练习"原材料"总账与明细账的平行登记。

（二）资料：大新公司 2024 年 5 月期初余额资料如下：

原材料：

| 甲材料 1 500 千克，每千克 50 元，明细账借方余额 | 75 000 元 |
| 乙材料 1 200 千克，每千克 40 元，明细账借方余额 | 48 000 元 |
| 原材料总账借方余额 | 123 000 元 |

该公司 2024 年 5 月发生下列经济业务：

（1）3 日，向胜天公司购入甲材料 300 千克，每千克 50 元；乙材料 260 千克，每千克 40 元。材料已验收入库，货款尚未支付。

（2）10 日，仓库发出生产用甲材料 850 千克，每千克 50 元；乙材料 580 千克、每千克 40 元，用于生产产品。

（3）22 日，向东方公司购入丙材料 420 千克，每千克 35 元，货款计 14 700 元，材料已验收入库，货款暂欠。

（4）27 日，向大华公司购入甲材料 600 千克，每千克 50 元，转账支付，材料已验收入库。

（三）要求：

1. 编制会计分录。
2. 登记"原材料"总账及明细账。
3. 核对"原材料"总账及明细账的结果。

## 项目小结

本项目主要内容包括：会计科目、账户、复式记账法、借贷记账法、会计分录、登记账簿、试算平衡、总账与明细账平行登记等内容。重点介绍账户的结构，复式记账的原理以及借贷记账法的记账符号、账户结构、记账规则、试算平衡方法和总分类账户与明细分类账户平行登记的要点。

会计科目是指对会计对象的具体内容进行分类核算的项目，是账户的名称。会计科目是复式记账的基础，是编制记账凭证的基础，为成本计算与财产清查提供了前提条件，为编制会计报表提供了方便。账户是指按照会计科目设置并具有一定的结构和格式，用来分类、系统、连续地记录经济业务的变动情况和结果的一种工具。它由账户的名称（即会计科目）和账户的结构两部分组成。账户的基本结构包括两部分：一部分反映数额的增加情况，另一部分反映数额的减少情况。会计科目和账户两者之间既有联系又有区别：会计科目是账户的名称，也是设置账户的依据，账户是会计科目的具体运用；没有会计科目，账户便失去了设置的依据；没有账户，会计科目就无法发挥作用。但是，会计科目仅仅是账户名称，本身没有结构，为开设账户、填制凭证所用；而账户则具有一定的格式和结构，主要是提供某一具体会计对象的会计资料，为编制会计报表所运用。

复式记账是指对发生的每一项经济业务，都以相等的金额，在相互关联的两个或两个以上的账户中进行记录的记账方法。通过复式记账，不仅可以全面、清晰地反映出经济业务的来龙去脉，还能通过会计要素的增减变动，全面、系统地反映经济业务的变化过程和结果。借贷记账法是以"借""贷"作为记账符号，反映各项会计要素增减变动情况的一种记账方法，是各种复式记账方法中应用最广泛的一种。资产费用类账户，借记增加，贷记减少，负债、所有者权益和收入类账户贷记增加，借记减少。借贷记账法的记账规则是"有借必有贷，借贷必相等"。会计分录是标明某项经济业务应借、应贷账户及其金额的记录。它是记账凭证在会计教学中运用的一种简化形式。有简单分录和复合分录两种形式。为了保证会计账务处理的正确性，在借贷记账法下，还需要进行试算平衡，试算平衡包括发生额平衡和余额平衡。

本项目知识点较多，是该书的重点内容，其重要性就显而易见了，所以必须要下大工夫认真学习，反复研究，直至掌握并熟练运用。

# 模块二

# 典型业务

# 项目四 工业企业主要经济业务的核算

### 知识目标

1. 了解工业企业的生产经营过程；
2. 熟悉工业企业不同生产经营阶段经济业务核算的主要内容；
3. 熟悉工业企业各项经济业务核算用账户的结构及用途；
4. 熟悉工业企业各项经济业务的核算，会正确编制会计分录；
5. 熟悉材料物资采购成本、产品生产成本的内容和计算方法；
6. 理解利润总额的构成内容和计算方法；
7. 理解利润分配的方法和步骤。

### 能力目标

1. 能正确确认企业的典型工作业务；
2. 能根据企业经济业务准确分析涉及的账户；
3. 能运用借贷记账法，进行企业经济业务的会计核算；
4. 能正确核算企业材料采购成本；
5. 能进行企业制造成本的核算和成本计算；
6. 能正确核算企业利润和利润分配。

### 素养与思政目标

1. 通过组织小组讨论，让学生认识到从制造大国到制造强国的转变，离不开专注、品质、精细和创新的工匠精神。
2. 通过核算企业成本，帮助学生树立精益成本管理的理念，培养节约意识。
3. 在费用分配过程中，小数点的精确程度，会带来不同核算后果，通过分配费用,培养学生良好的职业习惯和职业素养。
4. 指出利润操纵案造成企业会计信息失真,严重损害相关者的利益,破坏社会经济秩序,教育学生树立法治意识,培养他们遵纪守法的良好习惯。

## 任务一　认识筹资业务的核算

### 情景导入

大智听财务部经理张山说,公司近期货款收不回来,资金周转紧张,公司管理层让财务部研究一个发展计划,主要是筹资方式分析,供公司领导决策。那么,筹资方式有哪几种?公司采用什么样的筹资方式既有利于降低资金成本、又有利于减轻税负?

会计核算工作贯穿于企业经济活动的全过程,企业的经济活动都是通过会计所反映的经济业务体现出来的。工业企业的经济业务主要包括:资金筹集、资金运用和资金退出三部分,而资金运用又分布在供应、生产和销售三个过程中。为了核算和监督企业的经济业务,就必须根据需要设置相应的账户,运用借贷记账法,对企业经济业务进行账务处理,以提供客观、准确、完整的会计信息,对整个经营活动进行科学分析,促进企业改善经营管理,提高经济效益。

### 一、筹资业务核算的主要内容

企业要进行生产经营活动,必须拥有所需的资金,有了资金,才能开展生产经营活动。企业筹资的渠道主要有两个:一是向投资人筹集。投资人包括国家、法人单位、个人和外商。他们是企业的所有者,投资的方式可以是货币资金、材料物资、固定资产、无形资产、商誉等。二是向债权人借款。投资者投入的资本形成实收资本(股本);向债权人借入的资本形成负债,如短期借款、长期借款等。

筹资业务核算的主要内容:一是投入资金业务的核算;二是借入资金业务的核算。

### 想一想

企业从哪些渠道筹集资金,能帮助解决资金短缺的困难吗?

### 二、核算设置的主要账户

筹集资金业务核算时,除设置"银行存款"账户,还应设置以下主要账户。

## （一）"实收资本"账户

"实收资本"账户属于所有者权益类账户，核算企业所有者投入资本的增减变动及结余情况。其贷方登记实际收到的投资额；借方登记按法定程序减少的资本数额；余额在贷方，表示投入资本的实有数额。按投资人设置明细账。

## （二）"资本公积"账户

"资本公积"账户属于所有者权益类账户，核算资本公积的增减变动及结余情况。其贷方登记资本公积的增加；借方登记资本公积的减少；余额在贷方，表示资本公积的实有数额。按资本公积的具体项目设置明细账。

## （三）"固定资产"账户

"固定资产"账户属于资产类账户，核算企业固定资产原价的增减变动及结存情况。其借方登记各种来源增加的固定资产的原价；贷方登记各种原因减少的固定资产的原价；余额在借方，表示实有固定资产的原价。按固定资产类别或项目设置明细账。

## （四）"无形资产"账户

"无形资产"账户属于资产类账户，核算企业各项无形资产价值的增减变动及结余情况。其借方登记各种来源取得的无形资产的实际成本；贷方登记各种原因减少的无形资产的价值，余额在借方，表示无形资产实有数额。按无形资产的项目设置明细账。

## （五）"短期借款"账户

"短期借款"账户属于负债类账户，核算企业短期借款的增减变动及结余情况。其贷方登记取得的短期借款；借方登记偿还的短期借款；余额在贷方，表示尚未偿还的短期借款。按借款的种类设置明细账。

## （六）"长期借款"账户

其性质和结构与"短期借款"账户相似，故不再做详细介绍。

## 三、主要经济业务核算举例

远大公司 2024 年 12 月份发生下列经济业务：

**例 4－1** 收到国家投入资本 600 000 元，存入银行。

分析：该笔业务，使银行存款增加 600 000 元，记入"银行存款"账户借方；同时，使实收资本增加 600 000 元，记入"实收资本"账户贷方。编制会计分录如下：

借：银行存款　　　　　　　　　　　　　　　　　　　　　　　　　　　600 000
　　贷：实收资本——国家资本　　　　　　　　　　　　　　　　　　　　600 000

**例 4－2** 收到新华工厂投入的机器 1 台，双方商定按账面原价 200 000 元作为投入资本入账。

分析：该笔业务，使固定资产增加，记入"固定资产"账户借方；同时，使实收资本也增加，记入"实收资本"账户贷方。编制会计分录如下：

借：固定资产 200 000
　　贷：实收资本——法人资本 200 000

**例 4-3**　收到 A 公司投入的商标权，双方协商该项投资的入账价值为 270 000 元。

分析：该业务使无形资产增加 270 000 元，记入"无形资产"账户借方；也使实收资本增加 270 000 元，记入"实收资本"账户贷方。编制会计分录如下：

借：无形资产 270 000
　　贷：实收资本——法人资本 270 000

**例 4-4**　经批准将资本公积 100 000 元转入实收资本，其中国家资本金占 60%，法人资本金占 40%。

分析：该业务使实收资本增加，记入"实收资本"账户贷方；使资本公积减少，记入"资本公积"账户借方。编制会计分录如下：

借：资本公积 100 000
　　贷：实收资本——国家资本 60 000
　　　　　　　——法人资本 40 000

**例 4-5**　向银行取得为期 6 个月期的借款 500 000 元，存入银行。

分析：该项业务使银行存款增加，记入"银行存款"账户借方；同时，使短期借款增加，记入"短期借款"账户贷方。编制会计分录如下：

借：银行存款 500 000
　　贷：短期借款 500 000

**例 4-6**　为购买 1 台大型设备，向银行借入期限为 2 年，年利率为 6% 的借款 700 000 元，转入银行存款户。

分析：该项业务使银行存款增加，记入"银行存款"账户借方；同时使长期借款增加，记入"长期借款"账户贷方。编制会计分录如下：

借：银行存款 700 000
　　贷：长期借款 700 000

**例 4-7**　以银行存款偿还为期 6 个月的已到期的借款本息 10 800 元，其中本金 10 000 元，利息 800 元。

分析：该项业务使财务费用增加，记入"财务费用"账户借方，同时，使短期借款减少，记入"短期借款"账户借方，使银行存款减少，记入"银行存款"账户贷方。编制会计分录如下：

借：短期借款 10 000
　　财务费用 800
　　贷：银行存款 10 800

以上经济业务登记有关总分类账户如图 4-1 所示。

| 银行存款 | | | |
|---|---|---|---|
| (1) | 600 000 | (7) | 10 800 |
| (5) | 500 000 | | |
| (6) | 700 000 | | |

| 实收资本 | | | |
|---|---|---|---|
| | | (1) | 600 000 |
| | | (2) | 200 000 |
| | | (3) | 270 000 |
| | | (4) | 60 000 |
| | | (4) | 40 000 |

| 无形资产 | |
|---|---|
| (3) | 270 000 |

| 固定资产 | |
|---|---|
| (2) | 200 000 |

| 资本公积 | |
|---|---|
| (4) | 100 000 |

| 短期借款 | | | |
|---|---|---|---|
| (7) | 10 000 | (5) | 500 000 |

| 长期借款 | | | |
|---|---|---|---|
| | | (6) | 700 000 |

| 财务费用 | |
|---|---|
| (7) | 800 |

图 4-1 筹集资金业务核算简图

### 想一想

假设远大公司为刚成立企业，经过上述筹资，该公司权益总额是多少？其中有多少是属于所有者权益？

4-4 权益的计算

## 思考与练习

一、复习思考题

1. 工业企业资金运动有哪些不同阶段？能否列举一些主要内容？
2. 筹资业务主要包括哪些内容？

二、判断题

1. 实收资本是指企业实际收到的投资者投入的资本金。（　　）
2. 向债权人借入的资金形成了所有者权益。（　　）

三、选择题

1. 企业接受外单位投资时，贷方科目应是(　　)。
   A."资本公积"　　B."实收资本"　　C."盈余公积"　　D."营业外收入"

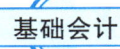

2. 投资人可以是（　　）。
   A. 国家　　　　　B. 法人企业　　　　C. 个人　　　　　D. 外商
3. 借入资金包括（　　）。
   A. 短期借款　　　B. 预收账款　　　　C. 应收利息　　　D. 长期借款

### 四、实训题

（一）目的：练习筹资业务的核算。

（二）资料：大新公司 2024 年 12 月份发生有关经济业务如下。

（1）接受某单位现金投资 30 000 元，已存入银行；

（2）向银行借入 3 年期借款 50 000 元，已转入银行存款户；

（3）以银行存款支付短期借款利息 8 700 元；

（4）收到远洋公司以商标权向本公司的投资，评估价为 250 000 元；

（5）企业以银行存款 370 000 元归还已到期的短期借款；

（6）收到联营单位投入全新的设备一台，价值 300 000 元；投入专利权一项，价值 600 000 元。双方协商认可的注册资本为 800 000 元。

（三）要求：根据上述经济业务编制会计分录。

## 任务二　熟悉采购业务的核算

### 情景导入

公司为了保证生产经营的正常开展，必须采购和储备生产和经营所需的材料物资。会计人员除了要掌握基本的核算方法，还要对企业材料采购成本的构成有所了解，只有熟悉企业的这些主要业务，才能真正管好账、算好账。那么，如何核算企业的材料采购成本呢？

### 一、采购业务核算的主要内容

产品制造企业的生产经营过程，包括供应、生产、销售三个阶段。

供应阶段即材料的采购阶段，是指从购买材料开始，到材料验收入库为止的采购过程。

采购业务的主要内容有：确认计算材料采购的成本，与供应单位办理价款结算，材料验收入库等。

材料采购成本包括：材料的买价和采购费用。

采购费用包括：途中的运杂费（运输费、装卸搬运费、包装费、保险费等）、入库前的挑选整理费、途中的合理损耗以及其他相关费用。

但采购人员的差旅费和可抵扣的增值税进项税额不应包括在内。

> **小提示**
>
> 材料采购成本的计算公式如下：
>
> $$材料采购成本 = 买价 + 采购费用$$
>
> 买价是指供货方发票上注明的价款。
>
> 采购费用是指为某种材料物资直接发生的，直接计入所购买材料物资的采购成本。若是为几种材料物资共同发生的采购费用，应按材料物资的买价、重量等作为分配标准，分配计入各种材料物资的采购成本。

4-6 材料采购成本计算

## 二、核算设置的主要账户

### （一）"在途物资"账户

"在途物资"账户是资产类账户，核算企业外购材料的采购成本。其借方登记购入材料的买价和采购费用；贷方登记已验收入库材料的采购成本。余额在借方，表示期末在途材料的成本。按材料物资种类设置明细账。

> **小提示**
>
> 材料核算有两种方法：一是按实际成本法核算，二是按计划成本法核算，本书是按实际成本法进行核算。

### （二）"原材料"账户

"原材料"账户是资产类账户，核算企业库存材料的增减变动和结存情况。其借方登记验收入库材料的成本；贷方登记发出材料的成本；余额在借方，表示库存材料的成本。按材料种类及规格设置明细账。

### （三）"应付账款"账户

"应付账款"账户是负债类账户，核算企业因购买材料物资和接受劳务而发生的应付给供应单位的款项。其贷方登记应付给供应单位的款项；借方登记已付的应付账款；余额在贷方，表示尚未偿还的应付账款。该账户按供应单位设置明细账。

### （四）"应交税费"账户

"应交税费"账户是负债类账户，核算企业应交纳的各种税费，包括增值税、所得税、城市维护建设税、教育费附加等。其贷方登记应交纳的税费；借方登记实际交纳的税费；余额在贷方，表示期末欠交的税费,如为借方余额,则表示多交或尚未抵扣的税金。按税种设置明细账。

其中,"应交税费——应交增值税"账户(一般纳税企业)借方登记企业采购材料时向供应单位支付的进项税额和实际交纳的增值税;贷方登记企业销售产品时向购货单位收取的销项税额;期末余额在贷方,表示欠交的增值税额。若余额在借方,则表示尚未抵扣的增值税进项税额。"应交税费——应交增值税"账户分别设置"进项税额""已交税金""销项税额""进项税额转出""出口退税"等专栏进行明细核算。

> **知识扩展**
>
> 企业在材料采购环节交纳的税金主要是指增值税,增值税是就货物或应税劳务的增值部分征收的一种税。其中:进项税额是指纳税人购入货物或接受应税劳务支付的增值税额;销项税额是指纳税人销售货物或提供应税劳务,按规定计算并向购买方收取的增值税额。增值税的进项税额和销项税额是相对应的,销售方的销项税额就是购买方的进项税额。当期应纳增值税额计算公式如下:
>
> 当期应纳增值税额 = 当期销项税额 - 当期进项税额

### 三、主要经济业务核算举例

仍以任务一的资料为例继续说明。

**例 4-8** 向新华工厂购入甲材料 3 000 千克,每千克 9 元,共计买价 27 000 元,增值税进项税额 3 510 元,对方代垫运杂费 1 000 元,共计 31 510 元,当即以银行存款支付有关款项。

分析:该项业务使在途物资增加,记入"在途物资"账户借方(运杂费也应计入所购材料的成本);可抵扣的进项税额增加,记入"应交税费——应交增值税(进项税额)"账户借方;银行存款减少,记入"银行存款"账户贷方。编制会计分录如下:

借:在途物资——甲材料　　　　　　　　　　　　　　　　　　28 000
　　应交税费——应交增值税(进项税额)　　　　　　　　　　  3 510
　贷:银行存款　　　　　　　　　　　　　　　　　　　　　　31 510

**例 4-9** 以现金支付甲材料的装卸搬运费 230 元。

分析:该装卸搬运费应直接记入甲材料的采购成本,即"在途物资"账户的借方;减少的现金记入"库存现金"账户的贷方。编制会计分录如下:

借:在途物资——甲材料　　　　　　　　　　　　　　　　　　   230
　贷:库存现金　　　　　　　　　　　　　　　　　　　　　　    230

**例 4-10** 向南方厂购入甲材料 2 000 千克,每千克 9 元,计 18 000 元;乙材料 1 500 千克,每千克 4 元,计 6 000 元,增值税进项税额 3 120 元,款项尚未支付。

分析：该项业务，使在途物资增加，记入"在途物资"账户借方；可抵扣的进项税额，记入"应交税费——应交增值税（进项税额）"账户借方；款未付，增加负债，记入"应付账款"账户贷方。编制会计分录如下：

借：在途物资——甲材料　　　　　　　　　　　　　　　　　　　　　18 000
　　　　　　　——乙材料　　　　　　　　　　　　　　　　　　　　　6 000
　　应交税费——应交增值税（进项税额）　　　　　　　　　　　　　 3 120
　　贷：应付账款——南方厂　　　　　　　　　　　　　　　　　　　27 120

**例 4-11**　以银行存款支付上项购入甲、乙材料的装卸搬运费 980 元。

分析：该笔装卸搬运费涉及甲、乙两种材料，对于采购费用的处理分两种情况，凡是专为采购某种材料而发生的，直接计入有关材料的采购成本；凡一次采购几种材料发生的共同性费用，无法直接计入某一种材料的采购成本，须按一定标准分配计入每种材料的采购成本中。材料采购费用的分配标准一般有重量、体积、买价等。其计算公式如下：

$$采购费用分配率 = \frac{应分配的采购费用总额}{材料总重量（体积、买价等）}$$

$$某种材料应分配采购费用 = 该材料重量（体积、买价）× 分配率$$

假设上例以重量标准分配采购费用：

$$分配率 = \frac{装卸搬运费}{甲、乙材料的重量} = 980 \div (2\,000 + 1\,500) = 0.28（元/千克）$$

$$甲材料应分摊装卸搬运费 = 2\,000 × 0.28 = 560（元）$$

$$乙材料应分摊装卸搬运费 = 1\,500 × 0.28 = 420（元）$$

> **小提示**
>
> 本例分配共同费用的方法是会计基础中要求必须掌握的方法。

编制会计分录如下：

借：在途物资——甲材料　　　　　　　　　　　　　　　　　　　　　　560
　　　　　　　——乙材料　　　　　　　　　　　　　　　　　　　　　 420
　　贷：银行存款　　　　　　　　　　　　　　　　　　　　　　　　　980

**例 4-12**　以银行存款偿付前欠南方厂购料款 27 120 元。

分析：该项业务引起应付账款减少，记入"应付账款"账户借方；引起银行存款减少，记入"银行存款"账户贷方。编制会计分录如下：

借：应付账款——南方厂　　　　　　　　　　　　　　　　　　　　　27 120
　　贷：银行存款　　　　　　　　　　　　　　　　　　　　　　　　27 120

**例 4-13**　上述购进材料已全部验收入库，结转其实际采购成本。

甲材料的采购成本 = 28 000 + 230 + 18 000 + 560 = 46 790(元)
乙材料的采购成本 = 6 000 + 420 = 6 420(元)

分析：这项业务使原材料增加，应记入"原材料"账户借方；使在途物资减少，应记入"在途物资"账户贷方。编制会计分录如下：

借：原材料——甲材料　　　　　　　　　　　　　　　　　46 790
　　　　　——乙材料　　　　　　　　　　　　　　　　　　6 420
　贷：在途物资——甲材料　　　　　　　　　　　　　　　　46 790
　　　　　　——乙材料　　　　　　　　　　　　　　　　　6 420

> **小提示**
>
> 购入的材料物资在尚未验收入库前，其采购成本记入"在途物资"账户，验收入库后，其采购成本应作为原材料的实际成本记入"原材料"账户。

上述采购业务的核算程序如图4-2所示。

| 在 途 物 资 | | | | 银 行 存 款 | | | |
|---|---|---|---|---|---|---|---|
| (8) | 28 000 | (13) | 46 790 | | | (8) | 31 510 |
| (9) | 230 | (13) | 6 420 | | | (11) | 980 |
| (10) | 18 000 | | | | | (12) | 27 120 |
| (10) | 6 000 | | | | | | |
| (11) | 560 | | | | | | |
| (11) | 420 | | | | | | |

| 应交税费——应交增值税 | | | | 原 材 料 | | | |
|---|---|---|---|---|---|---|---|
| (8) | 3 510 | | | (13) | 46 790 | | |
| (10) | 3 120 | | | (13) | 6 420 | | |

| 应 付 账 款 | | | | 库 存 现 金 | | | |
|---|---|---|---|---|---|---|---|
| (12) | 28 080 | (10) | 28 080 | | | (9) | 230 |

图4-2　采购业务核算简图

# 思考与练习

一、复习思考题

1. 如何确定和计算材料物资的采购成本？
2. 采购业务所涉及的主要账户有哪些？其性质是怎样的？如何进行相关会计处理？

## 二、判断题

1. 材料采购过程中采购员的差旅费应计入其采购成本。（　　）
2. 企业购入原材料所支付的增值税进项税额应计入材料采购成本。（　　）

## 三、单项选择题

1. 已经付款尚未入库的材料，就作为（　　）确认。
   A. 资产　　　　　B. 费用　　　　　C. 负债　　　　　D. 收入
2. 采购的原材料在验收入库后应从在途物资转入（　　）。
   A. 库存商品　　　B. 原材料　　　　C. 存货　　　　　D. 不结转

## 四、多项选择题

1. 构成材料采购成本的内容包括（　　）。
   A. 材料买价　　　B. 材料的增值税　C. 入库前挑选整理费　D. 材料运费
2. 应交增值税的明细项目有（　　）。
   A. 进项税额　　　B. 销项税额　　　C. 进项税额转出　　　D. 已交税金

## 五、实训题

（一）目的：练习采购业务的核算。

（二）资料：大新公司为一般纳税人，2024年12月份发生下列经济业务。

（1）从本市购买甲材料2 000千克，单价5元，价款10 000元，增值税进项税额1 300元，价税合计11 300元，已签发支票以银行存款支付，材料尚未到达；

（2）上项购买的甲材料已送达，仓库如数验收入库，结转其采购成本；

（3）向万华公司购入乙材料2 000千克，单价12元，价款24 000元，增值税进项税额3 120元，价税合计27 120元，尚未支付，另以现金支付乙材料运杂费500元，乙材料已经验收入库；

（4）收到银行转来大明公司托收结算凭证，内列购进的甲材料2 000千克，单价5.20元，价款10 400元；购进乙材料1 000千克，单价12.50元，价款12 500元。增值税进项税额共计2 977元。对方代垫运杂费800元（按材料重量比例分摊）。经审核无误，同意以银行存款付清，材料尚未到达；

（5）上项购进的甲、乙材料均已到达，并验收入库，结转其采购成本；

（6）以银行存款偿付前欠万华公司购料款27 120元。

（三）要求：根据经济业务编制会计分录。

# 任务三　熟悉制造业务的核算

## 情景导入

在工业企业的生产经营过程中，成本管理是非常重要的一个环节，其中成本核算

（续上）

是关键内容。成本核算的准确性对于工业企业的生产成本具有一定的影响,进而影响企业的经济效益。那么,公司在一个生产经营周期内会发生哪些费用?如何对这些费用进行计算归类?产品生产成本是怎样形成的?

## 一、制造业务核算的主要内容

生产过程是制造业生产经营过程的中心环节,在这一过程中,要发生各种耗费,如:材料的耗费,固定资产的磨损,支付职工工资和其他有关费用,这些生产耗费最终要由所生产的产品负担,构成产品的成本。

构成产品成本的费用可分为直接费用和间接费用。

直接费用是与产品的生产有直接关系的费用,包括直接材料费用、直接人工费用(工资及福利费用等)和其他直接费用(如动力费用等)。

间接费用是指企业分厂或生产车间为管理生产而发生的共同费用,也称制造费用。

直接费用直接记入"生产成本"账户,间接费用先记入"制造费用"账户,月末分配转入产品的"生产成本"账户。

对于企业日常经营活动中发生的不计入产品成本的期间费用(包括管理费用、财务费用和销售费用),要按月归集,直接列入当期损益。

制造业务核算的具体内容主要包括:各项费用的归集和分配;计算产品生产成本;计算完工产品成本(包括总成本和单位成本)。产品生产成本的计算过程如图4-3所示。

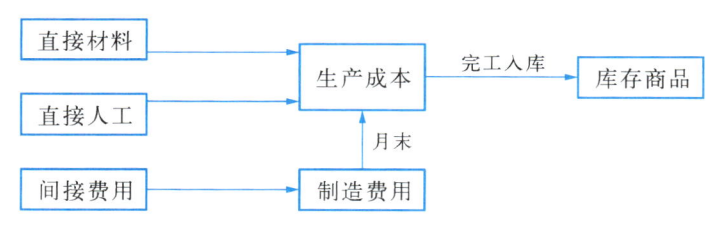

图4-3 产品生产成本计算过程

### 小提示

产品成本的计算公式如下:

完工产品成本(完工产品总成本)= 月初在产品成本 + 本月发生的生产费用 − 月末在产品成本

产品单位成本 = 完工产品总成本 ÷ 本月完工产品数量

## 二、核算设置的主要账户

### (一) "生产成本"账户

"生产成本"账户是成本类账户,核算企业产品生产过程中发生的应计入产品成本的各项费用。其借方归集产品生产发生的全部生产费用;贷方登记转出完工产品的生产成本;余额一般在借方,表示期末尚未完工的在产品成本。按产品种类设置明细账。

### (二) "制造费用"账户

"制造费用"账户是成本类账户,核算企业为生产产品而发生的各项间接费用。包括车间和分厂发生的组织和管理生产的费用。其借方登记发生的各项制造费用;贷方登记月末分配转入生产成本的制造费用;除季节性生产外,该账户期末转账后应无余额。该账户按车间设置明细账。

### (三) "累计折旧"账户

"累计折旧"账户是资产类账户,核算企业固定资产累计折旧情况。其贷方登记折旧的提取(增加)额;借方登记折旧的减少额,包括因出售、报废、盘亏等转出固定资产注销的折旧;余额在贷方,表示现有固定资产的累计折旧。该账户不进行明细分类核算。

> **知识扩展**
>
> "累计折旧"账户是"固定资产"账户的调整账户,所谓调整账户,是指为了求得被调整账户的实际余额而设置的账户。固定资产净值的公式如下:
>
> 固定资产净值 = 固定资产原始价值 - 累计折旧

### (四) "应付职工薪酬"账户

"应付职工薪酬"账户是负债类账户,核算企业应付给职工的各种薪酬,包括应付职工的工资、奖金、津贴、福利费、社会保险费、住房公积金、工会经费、职工教育经费等。其贷方登记应发给职工的各种薪酬;借方登记实际支付或开支给职工的各种薪酬;期末一般无余额,若有余额在贷方,表示期末职工尚未领取或尚未支出的各种薪酬。

### (五) "管理费用"账户

"管理费用"账户是损益类中的费用类账户,核算企业行政管理部门为组织和管理生产经营活动发生的各种费用。包括行政管理部门职工薪酬、固定资产折旧费、修理费、办公费、水电费、差旅费等。其借方登记发生的各项管理费用;贷方登记期末转入"本年利润"账户的数额;期末结转后该账户无余额。该账户按管理费用具体项目设置明细账。

### (六) "财务费用"账户

"财务费用"账户是损益类中的费用类账户,核算企业为筹集生产经营所需资金而发生的筹资费用,包括利息支出、借款手续费等。其借方登记企业发生的各项财务费用;贷方登记期末转入"本年利润"账户中的费用,结转后该账户无余额。按财务费用具体项目设置明细账。

### (七)"库存商品"账户

"库存商品"账户是资产类账户,核算企业库存的各种商品的实际成本。其借方登记外购或入库商品与自制半成品的实际成本;贷方登记出库商品和自制半成品的实际成本;余额在借方,表示库存商品和自制半成品的实际成本。其明细账与"原材料"账户的设置相同。

### 三、主要经济业务核算举例

仍以任务一、任务二的资料为例继续说明。

**例 4-14** 根据仓库编制的当月材料发出汇总表,如表 4-1 所示。

表 4-1 材料发出汇总表

2024 年 12 月份　　　　　　　　　　　　　　　单位:元

| 材料种类 | 领料用途和部门 ||||合计金额 |
|---|---|---|---|---|---|
| | A 产品 | B 产品 | 生产车间 | 管理部门 | |
| 甲材料 | 53 000 | 25 000 | | 10 000 | 88 000 |
| 乙材料 | 20 000 | | 17 000 | | 37 000 |
| 合　计 | 73 000 | 25 000 | 17 000 | 10 000 | 125 000 |

分析:本月库存材料的减少应记入资产类"原材料"账户的贷方;生产产品耗用的属于直接费用,应记入"生产成本"账户的借方;车间领用的属于间接费用,应记入"制造费用"账户的借方;厂部领用的属于期间费用,应记入"管理费用"的借方。编制会计分录如下:

```
借:生产成本——A 产品                       73 000
          ——B 产品                       25 000
    制造费用                              17 000
    管理费用                              10 000
  贷:原材料——甲材料                       88 000
          ——乙材料                       37 000
```

**例 4-15** 根据工资结算汇总表,本月应付职工工资 24 000 元,其中,A 产品生产工人工资 10 000 元,B 产品生产工人工资 7 000 元,车间管理人员工资 4 000 元,企业管理人员工资 3 000 元。

分析:该业务属于工资分配业务,生产工人的工资应直接记入"生产成本"账户的借方;车间管理人员的工资属于间接费用,应先记入"制造费用"账户的借方;企业管理人员的工资,应记入"管理费用"账户的借方;分配的应付工资属于负债的增加,应记入负债类"应付职工薪酬"账户的贷方。编制会计分录如下:

| | |
|---|---|
| 借：生产成本——A产品 | 10 000 |
| 　　　　　——B产品 | 7 000 |
| 　　制造费用 | 4 000 |
| 　　管理费用 | 3 000 |
| 　　贷：应付职工薪酬——工资 | 24 000 |

**例 4-16** 签发现金支票，从银行提取现金 24 000 元，备发工资。

分析：该业务使库存现金增加，应记入"库存现金"账户借方；使银行存款减少，应记入"银行存款"账户贷方。编制会计分录如下：

| | |
|---|---|
| 借：库存现金 | 24 000 |
| 　　贷：银行存款 | 24 000 |

**例 4-17** 以现金 24 000 元发放本月职工工资。

分析：该业务是工资发放业务，使企业的应付职工薪酬减少，记入"应付职工薪酬"账户的借方；同时，使企业库存现金减少，应记入"库存现金"账户的贷方。编制会计分录如下：

| | |
|---|---|
| 借：应付职工薪酬——工资 | 24 000 |
| 　　贷：库存现金 | 24 000 |

**例 4-18** 从仓库发出外购的燃料 3 360 元。其中，生产 A 产品消耗 1 400 元，生产 B 产品消耗 980 元，车间一般消耗 560 元，企业管理部门消耗 420 元。

分析：外购燃料的会计核算，与外购材料的会计核算的方法基本一样，库存材料减少记入"原材料——燃料"账户的贷方；生产产品耗用的记入"生产成本"账户的借方；车间一般耗用的记入"制造费用"账户的借方；企业管理部门耗用的记入"管理费用"账户的借方。编制会计分录如下：

| | |
|---|---|
| 借：生产成本——A产品 | 1 400 |
| 　　　　　——B产品 | 980 |
| 　　制造费用 | 560 |
| 　　管理费用 | 420 |
| 　　贷：原材料——燃料 | 3 360 |

**例 4-19** 计提本月固定资产折旧 6 000 元，其中，生产车间应提折旧 3 600 元，企业管理部门应提折旧 2 400 元。

分析：车间固定资产的折旧费，应先记入"制造费用"账户的借方；企业管理部门的折旧费，记入"管理费用"账户的借方；固定资产价值的减少，通过"累计折旧"账户核算，故应记入其贷方。编制会计分录如下：

| | |
|---|---|
| 借：制造费用 | 3 600 |
| 　　管理费用 | 2 400 |
| 　　贷：累计折旧 | 6 000 |

> **知识扩展**
>
> 　　固定资产因使用过程中逐渐地发生损耗而转移到成本、费用中的那部分价值称为固定资产折旧。按照确定的方法,对固定资产应计提的折旧额进行分摊计入有关成本、费用称为折旧费。具体计算方法将在财务会计中介绍。

**例 4－20**　以银行存款支付本月水电费 3 442 元,其中,车间应负担 2 142 元,企业管理部门应负担 1 300 元。

分析:该项业务使制造费用和管理费用增加,应记入"制造费用"账户和"管理费用"账户的借方;使银行存款减少,应记入"银行存款"账户的贷方。编制会计分录如下:

　　借:制造费用　　　　　　　　　　　　　　　　　　　　　　　　　2 142
　　　　管理费用　　　　　　　　　　　　　　　　　　　　　　　　　1 300
　　　贷:银行存款　　　　　　　　　　　　　　　　　　　　　　　　　3 442

**例 4－21**　本月发生银行短期借款利息 1 200 元。

分析:由于银行对企业借款利息一般是按季结算,当月发生的借款利息,到该季末才会支付。对这部分尚未实际支付的利息,增加负债,记入"应付利息"账户的贷方。借款利息属于财务费用,故应记入"财务费用"账户的借方。编制会计分录如下:

　　借:财务费用　　　　　　　　　　　　　　　　　　　　　　　　　1 200
　　　贷:应付利息　　　　　　　　　　　　　　　　　　　　　　　　　1 200

> **想一想**
>
> 　　如果每个月计提借款利息 1 200 元,一个季度共计提 3 600 元,季度末用银行存款支付利息时如何做会计分录?

> **知识扩展**
>
> 　　权责发生制,它是以权利或责任的发生与否为标准,来确认各会计期间收入和费用的一种会计处理基础。即凡属本期实现的收入和已经发生或应当负担的费用,无论款项是否收付,都应作为当期的收入和费用处理;反之,凡是不属于当期的收入和费用,即使款项是在当期收付,也不应作为当期的收入和费用处理。
> 　　关于收入确认:例如,远大公司于 2024 年 12 月份收取的下一年度 1～6 月份的某项劳务收入 18 000 元,虽然款项已经收到,但劳务尚未提供,收入尚未实现,在权责发

(续上)

生制下,该项收入在 12 月份属于预收收入,应在 2025 年度的 6 个月来加以确认,而不能作为 12 月份的收入记账。又如,远大公司于 2024 年 11 月份确认销售收入 3 000 元,虽然款项尚未收到,但商品或劳务已经提供,这部分已经获得尚未收到的收入,就应作为 11 月份的应计收入记账。

关于费用的确认:例如,远大公司于 2024 年 12 月份支付的下一年度房屋租金 6 000 元,因为租赁方尚未提供该项劳务,在 2024 年 12 月不应确认此项费用,应由下一年度负担,这部分已经付款但应由以后负担的费用,应作为 2024 年的预付账款入账。又如,该公司 2024 年 12 月份支付 11 月份的水电费 300 元,虽然付款是在 12 月份,但它发生在 11 月份,这部分应由 11 月份负担但尚未支付的费用,应作为 11 月份的费用处理。

按照权责发生制进行会计处理,能够正确反映某一会计期间的经营成果,因而绝大部分企业采用这一记账基础来记账。

权责发生制和收付实现制是相对应的,在收付实现制下,收入和费用的确认是以实际收到或支付款项为依据的。目前,我国的行政单位一般采用收付实现制,事业单位的会计核算一般采用收付实现制,但经营性收支的业务核算可采用权责发生制。

**例 4-22** 以银行存款支付管理部门用办公用品 500 元。

分析:办公用品随用随购,办公用品于购买时形成费用,该业务使管理费用增加,银行存款减少。编制会计分录如下:

借:管理费用　　　　　　　　　　　　　　　　　　　　500
　　贷:银行存款　　　　　　　　　　　　　　　　　　　　500

**例 4-23** 将本月发生的制造费用 27 302 元分配计入 A、B 产品成本。

分析:制造费用总额 27 302 元是"制造费用"账户借方发生额的合计数(账户登记略),期末要分配计入产品生产成本中。分配标准一般有生产工时、生产工人工资、机器工时等。假定该公司以生产工人工资为分配标准,其制造费用的分配计算如下:

$$制造费用分配率 = \frac{制造费用总额}{生产工人工资} = \frac{27\ 302}{10\ 000 + 7\ 000} = 1.606(元)$$

A 产品应负担的制造费用 = 10 000 × 1.606 = 16 060(元)
B 产品应负担的制造费用 = 27 302 - 16 060 = 11 242(元)

根据这一分配结果,将"制造费用"账户贷方余额转入"生产成本"账户的借方。编制会计分录如下:

借:生产成本——A 产品　　　　　　　　　　　　　　　16 060
　　　　　　——B 产品　　　　　　　　　　　　　　　11 242
　　贷:制造费用　　　　　　　　　　　　　　　　　　　27 302

**例 4-24** 本月投产的 A 产品 1 000 件，B 产品 600 件，已全部完工验收入库，结转其实际生产成本。

分析：根据产品生产成本计算单和产品入库单，将 A、B 产品的制造成本从"生产成本"账户的贷方转入"库存商品"账户的借方。编制会计分录如下：

借：库存商品——A 产品　　　　　　　　　　　　　　　　　　　100 460
　　　　　　——B 产品　　　　　　　　　　　　　　　　　　　 44 222
　　贷：生产成本——A 产品　　　　　　　　　　　　　　　　　　100 460
　　　　　　　　——B 产品　　　　　　　　　　　　　　　　　　 44 222

A、B 产品的生产成本明细账如表 4-2 和表 4-3 所示。

**表 4-2　生产成本明细账**

产品名称：A 产品　　　　　　　　　　　　　　　　　　　　　　　　　　　　单位：元

| 2024年 月 | 日 | 凭证号数 | 摘要 | 直接材料 | 直接人工 | 制造费用 | 合计 |
|---|---|---|---|---|---|---|---|
| 12 | （略） | 14 | 生产领料 | 73 000 | | | 73 000 |
| | | 15 | 分配工资 | | 10 000 | | 10 000 |
| | | 18 | 生产领燃料 | 1 400 | | | 1 400 |
| | | 23 | 分配制造费用 | | | 16 060 | 16 060 |
| | | | 费用合计 | 74 400 | 10 000 | 16 060 | 100 460 |
| | | 24 | 结转完工产品生产成本 | (74 400) | (10 000) | (16 060) | (100 460) |

说明：表中括号内的数字为负数。

**表 4-3　生产成本明细账**

产品名称：B 产品　　　　　　　　　　　　　　　　　　　　　　　　　　　　单位：元

| 2024年 月 | 日 | 凭证号数 | 摘要 | 直接材料 | 直接人工 | 制造费用 | 合计 |
|---|---|---|---|---|---|---|---|
| 12 | （略） | 14 | 生产领料 | 25 000 | | | 25 000 |
| | | 15 | 分配工资 | | 7 000 | | 7 000 |
| | | 18 | 生产领燃料 | 980 | | | 980 |
| | | 23 | 分配制造费用 | | | 11 242 | 11 242 |
| | | | 费用合计 | 25 980 | 7 000 | 11 242 | 44 222 |
| | | 24 | 结转完工产品生产成本 | (25 980) | (7 000) | (11 242) | (44 222) |

说明：表中括号内的数字为负数。

完工产品成本计算表如表 4-4 所示。

表 4-4  完工产品成本计算表　　　　　　　　　　　　　　　单位：元

| 成本项目 | A产品(1 000件) 总成本 | A产品(1 000件) 单位成本 | B产品(600件) 总成本 | B产品(600件) 单位成本 |
| --- | --- | --- | --- | --- |
| 直接材料 | 74 400 | 74.40 | 25 980 | 43.30 |
| 直接人工 | 10 000 | 10.00 | 7 000 | 11.67 |
| 制造费用 | 16 060 | 16.06 | 11 242 | 18.74 |
| 产品生产成本 | 100 460 | 100.46 | 44 222 | 73.71 |

生产过程制造业务核算程序简图如图 4-4 所示。

| 管理费用 | | | 生产成本 | |
| --- | --- | --- | --- | --- |
| (14) 10 000 | | (14) 73 000 | (24) 100 460 |
| (15) 3 000 | | (14) 25 000 | (24) 44 222 |
| (18) 420 | | (15) 10 000 | |
| (19) 2 400 | | (15) 7 000 | |
| (20) 1 300 | | (18) 1 400 | |
| (22) 500 | | (18) 980 | |
| | | (23) 16 060 | |
| | | (23) 11 242 | |

| 银行存款 | | 制造费用 | |
| --- | --- | --- | --- |
| | (16) 24 000 | (14) 17 000 | (23) 27 302 |
| | (20) 3 442 | (15) 4 000 | |
| | (22) 500 | (18) 560 | |
| | | (19) 3 600 | |
| | | (20) 2 142 | |

| 原材料 | | 库存商品 | |
| --- | --- | --- | --- |
| | (14) 88 000 | (24) 100 460 | |
| | (14) 37 000 | (24) 44 222 | |
| | (18) 3 360 | | |

| 应付职工薪酬 | | 库存现金 | |
| --- | --- | --- | --- |
| (17) 24 000 | (15) 24 000 | (16) 24 000 | (17) 24 000 |

| 累计折旧 | | 财务费用 | |
| --- | --- | --- | --- |
| | (19) 5 000 | (21) 1 200 | |

| 应付利息 | |
| --- | --- |
| | (21) 1 200 |

图 4-4  生产过程制造业务核算程序简图

## 思考与练习

一、复习思考题

1. 产品生产成本的构成内容有哪些？如何计算产品生产成本？
2. 制造业务所涉及的主要账户有哪些？其性质是怎样的？如何进行账务处理？

二、判断题

1. 短期借款一般按月支付借款利息。（  ）
2. 产品制造过程中发生的费用，应全部计入当期产品的生产成本。（  ）
3. "制造费用"账户的余额期末应分配转入产品成本中去。（  ）
4. 成本类账户期末应无余额。（  ）

三、单项选择题

1. 发放的车间管理人员的工资应记入（　　）账户。
   A. "管理费用"　　　　　　　　　　B. "制造费用"
   C. "销售费用"　　　　　　　　　　D. "营业外支出"
2. 计提固定资产折旧时，其贷方账户应为（　　）。
   A. "固定资产"　　　　　　　　　　B. "管理费用"
   C. "累计折旧"　　　　　　　　　　D. "销售费用"
3. 制造产品中发生的各项直接生产费用，应记入（　　）账户的借方。
   A. "生产成本"　　　　　　　　　　B. "制造费用"
   C. "其他业务成本"　　　　　　　　D. "管理费用"
4. "制造费用"账户期末结转后一般（　　）。
   A. 余额在借方　　　　　　　　　　B. 余额在贷方
   C. 余额不结转　　　　　　　　　　D. 无余额

四、多项选择题

1. 领用的材料按用途和部门一般分别记入（　　）账户。
   A. "生产成本"　　　　　　　　　　B. "制造费用"
   C. "管理费用"　　　　　　　　　　D. "期间费用"
2. 下列账户中，属于成本类账户的有（　　）。
   A. "管理费用"　　　　　　　　　　B. "财务费用"
   C. "生产成本"　　　　　　　　　　D. "制造费用"
3. 下列项目中，属于管理费用核算范围的有（　　）。
   A. 厂部管理人员的工资　　　　　　B. 厂部管理部门办公费
   C. 厂部固定资产折旧费　　　　　　D. 办公楼租赁费

五、实训题

（一）目的：练习制造业务的核算。

（二）资料：大新公司2024年12月份制造产品过程中发生下列经济业务。

（1）生产A产品600件，领用甲材料8 000元，生产B产品500件，领用乙材料20 000元，车间一般耗用乙材料3 000元，厂部管理部门耗用甲材料1 000元；

（2）从银行提取现金10 000元备发工资；

（3）以现金10 000元发放本月职工工资。其中，生产A产品工人工资2 000元，生产B产品工人工资4 500元，车间管理人员工资1 500元，企业管理人员工资2 000元。据此分配工资费用；

（4）以现金购买车间办公用品300元。

（5）用银行存款支付应由本月负担的厂房租赁费1 800元；

（6）计提本月固定资产折旧费13 000元。其中，车间用固定资产计提9 000元，管理部门用固定资产计提4 000元；

（7）用银行存款支付本月水电费2 200元，其中，车间1 400元，管理部门800元；

（8）根据登记的"制造费用"账户资料，将本月发生的制造费用按A、B产品工人工资比例分配转入A、B产品生产成本中；

（9）本月投产的A产品600件，B产品500件均已完工入库，按其实际成本转入"库存商品"账户。

（三）要求：根据经济业务编制会计分录。

## 任务四　熟悉销售业务的核算

### 情景导入

销售业务是企业生产经营过程的最后阶段，需要把企业生产的产品卖出去实现其价值，使企业的生产耗费得到补偿，实现经营目标，满足社会需求。公司的销售业务包括哪些核算内容？

### 一、销售过程核算的主要内容

销售过程是制造加工企业生产经营过程的最后阶段，其主要任务是将生产的产品卖出去以满足社会需要，并取得销售收入，补偿企业的生产耗费，以收抵支，获取盈利。

销售过程核算的主要内容包括：确认营业收入；结转产品的销售成本，确认主营业务成本；支付各种销售费用，如运输费、保险费、广告宣传费、装卸搬运费等；计算交纳增值税和税金及附加，如城市维护建设税和教育费附加等；与购买方结算价款等。

> **小提示**
>
> 产品销售成本是指已销售产品的生产成本，即应从主营业务收入中补偿的生产耗费，在会计核算中称为主营业务成本，与主营业务收入相对应。产品销售成本的计算公式如下：
>
> 产品销售成本 ＝ 产品销售数量 × 产品的单位成本

## 二、核算设置的主要账户

### （一）"主营业务收入"账户

"主营业务收入"账户是收入（损益）类账户，核算企业主营业务所取得的收入，包括销售产品、自制半成品、提供工业性劳务等获得的收入。其贷方登记本期实现的主营业务收入；借方登记期末结转到"本年利润"账户的数额；期末结转后无余额。该账户应按主营业务的种类或按产品种类设置明细账。

### （二）"主营业务成本"账户

"主营业务成本"账户是费用（损益）类账户，核算企业已销产品的产品成本。其借方登记本期发生的主营业务的实际成本；贷方登记期末转入"本年利润"账户的数额；期末结转后无余额。其明细账与"主营业务收入"账户对应设置。

### （三）"销售费用"账户

"销售费用"账户是费用（损益）类账户，核算企业销售过程中发生的各种费用，包括保险费、包装费、展览费、广告费、运输费等。其借方登记本期发生的各项销售费用；贷方登记期末转入"本年利润"账户的数额；期末结转后无余额。按费用项目设置明细账。

### （四）"税金及附加"账户

"税金及附加"账户是费用（损益）类账户，核算企业经营活动发生的消费税、城市维护建设税、资源税和教育费附加等。其借方登记按税法规定计算的税金及附加；贷方登记期末转入"本年利润"账户的数额；结转后期末无余额。该账户按税种及附加项目设置明细账。

### （五）"应收账款"账户

"应收账款"账户是资产类账户，核算企业因销售商品、提供劳务等，应向购买方或接受劳务方收取的款项。其借方登记应收款项的增加；贷方登记收回的应收款项；余额在借方，表示尚未收回的应收款项。该账户按购货单位或接受劳务的单位名称设置明细账。

### （六）"其他业务收入"账户

"其他业务收入"账户是收入（损益）类账户，核算企业其他业务实现的收入，如销售材料、出租包装物、出租固定资产、出租无形资产等取得的收入。其贷方登记实现的其他业务收入,借方登记期末转入"本年利润"账户的收入,结转后该账户无余额。

### (七)"其他业务成本"账户

"其他业务成本"账户是费用(损益)类账户,核算企业其他业务发生的成本,包括销售材料的成本、出租固定资产的折旧额、出租无形资产的摊销额、出租包装物的成本或摊销额等。其借方登记发生的其他业务成本,贷方登记期末转入"本年利润"账户的成本,结转后该账户无余额。

## 三、主要经济业务核算举例

仍以任务一、任务二、任务三的资料为例继续说明。

**例 4-25** 售给星光公司 A 产品 600 件,每件 150 元,计货款 90 000 元,增值税销项税额 11 700 元,共计 101 700 元,有关款项已收存银行。

分析:该业务使货币资产增加,应记入"银行存款"账户的借方;使主营业务收入增加,应记入"主营业务收入"账户的贷方;使增值税销项税额增加,应记入"应交税费——应交增值税(销项税额)"账户的贷方。编制会计分录如下:

```
借:银行存款                                              101 700
    贷:主营业务收入                                        90 000
        应交税费——应交增值税(销项税额)                  11 700
```

**例 4-26** 向万信公司销售 B 产品 400 件,每件 100 元,计货款 40 000 元,增值税销项税额 5 200 元,另以现金支付代垫运费 1 100 元,共计款项 46 300 元。货已发出,款项尚未收到。

分析:该业务使债权增加,应记入"应收账款"账户的借方;使主营业务收入增加,应记入"主营业务收入"账户的贷方;使增值税销项税额增加,应记入"应交税费——应交增值税(销项税额)"账户的贷方;另使库存现金减少,应记入"库存现金"账户的贷方。编制会计分录如下:

```
借:应收账款——万信公司                                    46 300
    贷:主营业务收入                                        40 000
        应交税费——应交增值税(销项税额)                   5 200
        库存现金                                           1 100
```

**例 4-27** 以银行存款支付产品广告宣传费 3 000 元。

分析:该业务使销售费用增加,应记入"销售费用"账户的借方;同时,使银行存款减少,应记入"银行存款"账户的贷方。编制会计分录如下:

```
借:销售费用                                                3 000
    贷:银行存款                                             3 000
```

### 想一想

用银行存款支付销售产品的包装费应如何核算?销售人员的工资该如何核算?

**例 4 - 28**　收到万信公司前欠销售款 24 500 元,存入银行。

分析：该业务使银行存款增加,应记入"银行存款"账户的借方；使企业债权减少,应记入"应收账款"账户的贷方。编制会计分录如下：

借：银行存款　　　　　　　　　　　　　　　　　　　　　　　　　　24 500
　　贷：应收账款——万信公司　　　　　　　　　　　　　　　　　　　　24 500

**例 4 - 29**　结转本月已销 A 产品 600 件和 B 产品 400 件的销售成本(生产成本)。根据任务四的"生产成本计算表"资料,A 产品单位成本为 100.46 元,B 产品单位成本为 73.71 元。本月已销的 A、B 产品的生产成本计算如下：

$$A 产品的生产成本 = 100.46 \times 600 = 60\ 276(元)$$
$$B 产品的生产成本 = 73.71 \times 400 = 29\ 484(元)$$

分析：该业务是将已销产品的生产成本从"库存商品"账户的贷方转入"主营业务成本"账户的借方。编制会计分录如下：

借：主营业务成本　　　　　　　　　　　　　　　　　　　　　　　　　89 760
　　贷：库存商品——A 产品　　　　　　　　　　　　　　　　　　　　　60 276
　　　　　　　　——B 产品　　　　　　　　　　　　　　　　　　　　　29 484

**例 4 - 30**　向江阳工厂出售多余甲材料一批,计 5 000 元,增值税销项税额 650 元,款项已存入银行。

分析：该业务使银行存款增加,记入"银行存款"账户的借方；材料销售收入增加,记入"其他业务收入"账户的贷方；增值税销项税额记入"应交税费——应交增值税(销项税额)"账户的贷方。编制会计分录如下：

借：银行存款　　　　　　　　　　　　　　　　　　　　　　　　　　　5 650
　　贷：其他业务收入——材料销售　　　　　　　　　　　　　　　　　　5 000
　　　　应交税费——应交增值税(销项税额)　　　　　　　　　　　　　　650

**例 4 - 31**　假定例 4 - 30 销售的材料实际成本为 4 000 元,结转其销售成本。

分析：结转材料销售成本,从"原材料"账户转入"其他业务成本"账户。编制会计分录如下：

借：其他业务成本——材料销售　　　　　　　　　　　　　　　　　　　4 000
　　贷：原材料——甲材料　　　　　　　　　　　　　　　　　　　　　　4 000

**例 4 - 32**　按照税法规定,根据本月销售产品应交的增值税,计算本月应交城市维护建设税(税率 7%)和应交教育费附加(费率为 3%)。

应交增值税的计算公式如下：

$$应交增值税 = 销项税额 - 进项税额$$

根据本项目采购业务核算任务中例题所涉及的进项税额为 6 630 元(3 510+3 120),本任务例题中涉及的销项税额为 17 550 元(11 700+5 200+650)。

应交增值税 = 17 550 − 6 630 = 10 920(元)

应交城市维护建设税 = 10 920 × 7% = 764.40(元)

应交教育费附加 = 10 920 × 3% = 327.60(元)

分析：该项业务使企业的税金及附加增加，应记入"税金及附加"账户的借方；城市维护建设税和教育费附加尚未交纳，形成企业的负债，应记入"应交税费"账户的贷方。编制会计分录如下：

借：税金及附加　　　　　　　　　　　　　　　　　　　　1 092.00
　　贷：应交税费——应交城市维护建设税　　　　　　　　　　764.40
　　　　　　　　——应交教育费附加　　　　　　　　　　　　327.60

**例 4-33**　以银行存款上交增值税 10 920 元，城市维护建设税 764.40 元，教育费附加 327.60 元。

分析：该项业务使负债减少，应记入"应交税费"账户的借方；使银行存款减少，应记入"银行存款"账户的贷方。编制会计分录如下：

借：应交税费——应交增值税(已交税金)　　　　　　　　　10 920.00
　　　　　　——应交城市维护建设税　　　　　　　　　　　　764.40
　　　　　　——应交教育费附加　　　　　　　　　　　　　　327.60
　　贷：银行存款　　　　　　　　　　　　　　　　　　　　12 012.00

### 想一想

经过以上几个实例的学习，本期应交增值税、应交城市维护建设税和教育费附加是怎样计算出来的？

销售业务的核算简图见图 4-5 所示。

| 银　行　存　款 | | | | | 应　交　税　费 | | | |
|---|---|---|---|---|---|---|---|---|
| (25) | 101 700 | (27) | 3 000 | | (33) | 10 920 | (25) | 11 700 |
| (28) | 24 500 | (33) | 12 012 | | (33) | 764.40 | (26) | 5 200 |
| (30) | 5 650 | | | | (33) | 327.60 | (30) | 650 |
| | | | | | | | (32) | 764.40 |
| | | | | | | | (32) | 327.60 |

| 主营业务收入 | | | | | 库　存　商　品 | | | |
|---|---|---|---|---|---|---|---|---|
| | | (25) | 90 000 | | (29) | 60 276 | | |
| | | (26) | 40 000 | | (29) | 29 484 | | |

| 应 收 账 款 | | | | 库 存 现 金 | | | |
|---|---|---|---|---|---|---|---|
| (26) 46 300 | | (28) 24 500 | | | | (26) | 1 100 |

| 销 售 费 用 | | | | 主营业务成本 | | | |
|---|---|---|---|---|---|---|---|
| (27) 3 000 | | | | (29) 89 760 | | | |

| 其他业务收入 | | | | 其他业务成本 | | | |
|---|---|---|---|---|---|---|---|
| | | (30) | 5 000 | (31) 4 000 | | | |

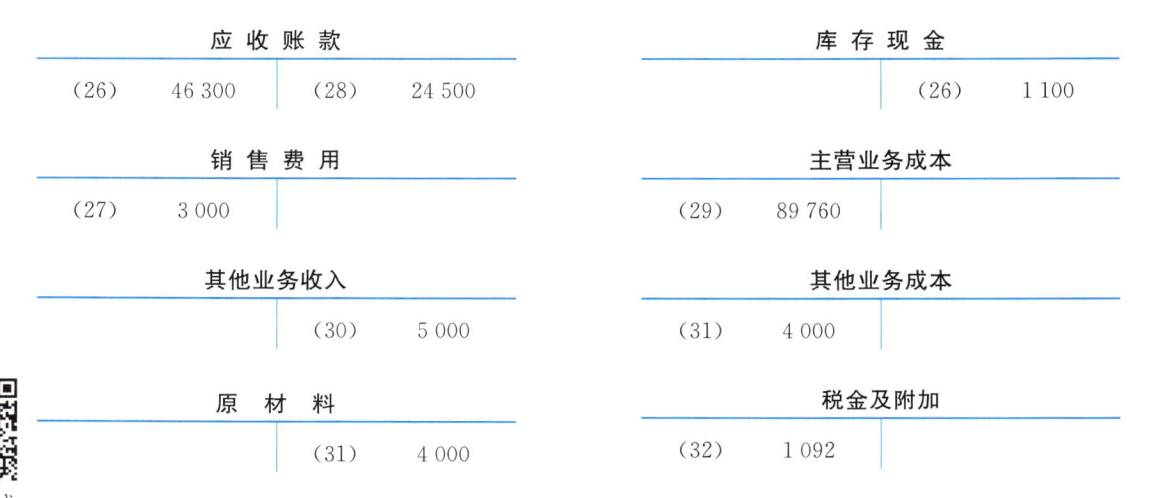

| 原 材 料 | | | | 税金及附加 | | | |
|---|---|---|---|---|---|---|---|
| | | (31) | 4 000 | (32) 1 092 | | | |

图 4－5　销售业务核算简图

## 思考与练习

一、复习思考题

1. 你是怎样理解产品销售成本的？试举例说明。
2. 销售业务所涉及的主要账户有哪些？其性质是怎样的？如何进行账务处理？

二、判断题

1. "主营业务收入"账户和"其他业务收入"账户的贷方发生额不应包括增值税销项税额在内。（　　）
2. 销售过程中发生的支出是通过"管理费用"账户核算的。（　　）

三、单项选择题

1. 产品的销售成本是指（　　）。
   A. 为生产产品而发生的各项费用　　B. 完工入库产品的生产成本
   C. 已售产品的生产成本　　D. 期末的在产品成本
2. 企业销售材料取得的收入，应计入（　　）。
   A. 主营业务收入　　B. 其他业务收入
   C. 投资收益　　D. 营业外收入
3. 借记"销售费用"账户，贷记"银行存款"账户。该笔会计分录反映的经济业务是（　　）。
   A. 以存款支付某项销售费用　　B. 以存款支付某项管理费用
   C. 以存款支付某项欠款　　D. 以存款支付某项代垫款项

四、多项选择题

1. 通过"税金及附加"账户核算的应交税费包括（　　）。
   A. 城市维护建设税　　B. 消费税

C. 所得税　　　　　　　　　　　　D. 增值税

2. 下列各项中,(　　)属于"销售费用"账户的核算内容。

A. 广告宣传费　　　　　　　　　　B. 销售机构经费

C. 销售过程中的保险费　　　　　　D. 销售机构工作人员工资

## 五、实训题

(一)目的:练习销售业务的核算。

(二)资料:大新公司2024年12月份发生下列有关产品销售经济业务如下。

(1)销售A产品500件,每件售价40元,价款20 000元,增值税销项税额2 600元,价税合计共计22 600元,货款尚未收到;

(2)销售B产品400件,每件售价100元,价款40 000元,增值税销项税额5 200元,价税合计45 200元,已通过银行收讫入账;

(3)以银行存款支付销售A、B产品运杂费1 500元;

(4)收到某单位欠货款23 400元,记入银行存款账户;

(5)本月销售A产品500件,按每件25元的实际成本结转销售成本;

(6)本月销售B产品400件,按每件75元的实际成本结转销售成本;

(7)销售原材料一批,该批原材料的实际成本5 000元,销售价8 000元,增值税销项税额1 040元,货款收到存入银行;

(8)计算本月应交增值税,按规定税率计算本月应交城市维护建设税(税率7%),应交教育费附加(费率3%)。

(三)要求:根据上述经济业务编制会计分录。

## 任务五　熟悉财务成果业务的核算

### 情景导入

今天是本月的最后一天,公司财务部要办理月结,大智心想又要加班了。但是实际上他们很快就办理了各类账目的月结。因为现在财务实行了信息化,繁琐的总分类账、明细账不再需要会计人员手工登记,月末结账只需点一下按钮。网银出现后,出纳的大部分工作转移到了网络上。财务共享中心建立后,预计人工智能将替代人执行会计核算。立足数字经济发展新阶段,数字技术革命正在深刻重塑企业业务模式和管理运营,财务部作为企业数据中心,在数字技术驱动下,正从小数据集向大数据演变,逐步迈入数智化新阶段,企业财务数智化转型已成为公司的必选项。在当今企业数智化前提下,如何核算企业财务成果?

## 一、财务成果业务核算的主要内容

### (一)利润构成与计算

企业在一定时期内生产经营活动的财务成果,表现为实现的盈利或发生的亏损,通常称为利润。企业实现的利润总额用公式表示如下:

利润总额 ＝ 营业利润＋营业外收入－营业外支出

营业利润 ＝ 营业收入－营业成本－税金及附加－销售费用－管理费用－财务费用＋投资收益

营业收入 ＝ 主营业务收入＋其他业务收入

营业成本 ＝ 主营业务成本＋其他业务成本

投资收益是企业对外投资所获得的收益扣除损失的净额。

营业外收入是指企业发生的与日常活动无直接关系的各项利得。

营业外支出是指企业发生的与日常活动无直接关系的各项损失。

> **知识扩展**
>
> 利得区别于收入的特征:
> (1) 利得是企业偶发性等业务活动的结果。
> (2) 利得属于不经过经营过程就能取得的收益。
> (3) 利得在报表中通常以净额反映资产价值的变动等。

企业在一定期间获得的利润总额应按国家税法规定交纳所得税,所得税作为企业所得的一种耗费,遵循收入与费用配比原则,应计入当期的损益。净利润的计算公式如下:

净利润 ＝ 利润总额－所得税费用

### (二)利润的分配

按公司法的有关规定,企业对实现的净利润(或亏损的弥补)应按下列顺序进行分配。

(1) 弥补以前年度的亏损。

(2) 提取法定盈余公积、任意盈余公积。

(3) 向投资者分配利润。

经过分配仍有余额,属于未分配利润,是企业留存收益的重要组成部分。

## 二、核算设置的主要账户

### (一)"本年利润"账户

"本年利润"账户是所有者权益类账户,核算企业实现的利润(或发生的亏损)净额。其贷方登记从损益类账户转入的收益额;借方登记从损益类账户转入的费用或损失额;平时贷方(或借方)余额,表示年内累计实现的净利润(或发生的净亏损)额,年末,应将该账户的余额转入"利润分配"账户,结转后,该账户无余额。该账户一般不设明细账。

### (二)"利润分配"账户

"利润分配"账户是所有者权益类账户,核算企业利润的分配(或亏损的弥补)以及历年累积的未分配利润(未弥补的亏损)的数额。其借方登记利润的分配数额和从"本年利润"账户转入的亏损数额;贷方登记从"本年利润"账户转入的全年实现的净利润以及亏损的弥补的数额;年末贷方余额,表示历年累计未分配利润,若为借方余额,则表示历年累计未弥补亏损。按利润分配去向设置明细账。该账户主要有"提取盈余公积""应付股利""未分配利润"等明细账户。

### (三)"盈余公积"账户

"盈余公积"账户是所有者权益类账户,核算企业从净利润中提取的盈余公积。其贷方登记从净利润中提取的盈余公积;借方登记用盈余公积弥补亏损或转增资本而减少的数额;余额在贷方,表示提取盈余公积的结余数。该账户设置"法定盈余公积"和"任意盈余公积"两个明细账。

### (四)"投资收益"账户

"投资收益"账户是收入(损益)类账户,核算企业对外投资取得的投资收益或发生的投资损失。其贷方登记取得的投资收益;借方登记发生的投资损失;期末应将该账户的余额转入"本年利润"账户,期末结转后无余额。可按投资的种类设置明细账。

### (五)"营业外收入"账户

"营业外收入"账户是收入(损益)类账户,核算企业发生的与企业日常活动无直接关系的各项利得。如:罚没收入、处置固定资产和出售无形资产的净收益、盘盈、接受捐赠和确实无法支付的转作营业外收入的应付款项等。其贷方登记取得的各项营业外收入;借方登记期末转入"本年利润"账户的数额;期末转账后无余额。该账户按收入项目设置明细账。

### (六)"营业外支出"账户

"营业外支出"账户是费用(损益)类账户,核算企业发生的与企业日常活动无直接关系的各项损失。如:罚款支出、公益性捐赠支出、非常损失、处理固定资产和出售无形资产的净损失、盘亏支出等。其借方登记发生的各项营业外支出;贷方登记期末转入"本年利润"账户的数额;期末结转后无余额。该账户可按各支出项目设置明细账。

### (七)"所得税费用"账户

"所得税费用"账户是费用(损益)类账户,核算企业按规定应负担的所得税费用。其借方登记本期应交纳的所得税额;贷方登记期末转入"本年利润"的数额;期末转账后无余额。

### (八)"应付股利"账户

"应付股利"账户是负债类账户,核算企业应付给投资者的现金股利或利润。其贷方登记应支付的现金股利或利润;借方登记实际支付的现金股利或利润;期末余额在贷方,表示应付而未付给投资者的现金股利或利润。该账户按投资者设置明细账。

### 三、主要经济业务核算举例

仍以前四项任务的资料为例继续说明。

#### (一) 利润形成核算举例

**例 4-34** 收到企业对外投资分得的利润 30 000 元,存入银行。

分析:该项业务使银行存款增加,记入"银行存款"账户的借方;使投资收益增加,记入"投资收益"账户的贷方。编制会计分录如下:

借:银行存款　　　　　　　　　　　　　　　　　　　　　　　　　30 000
　　贷:投资收益　　　　　　　　　　　　　　　　　　　　　　　　　30 000

**例 4-35** 由于购货方未按合同规定履行义务,应支付赔偿金 3 400 元,已收到赔款,存入银行。

分析:收到的违约罚款,增加银行存款和营业外收入,即记入"银行存款"账户的借方和"营业外收入"账户的贷方。编制会计分录如下:

借:银行存款　　　　　　　　　　　　　　　　　　　　　　　　　3 400
　　贷:营业外收入　　　　　　　　　　　　　　　　　　　　　　　　3 400

**例 4-36** 本企业以银行存款向灾区捐赠 20 000 元。

分析:该业务使营业外支出增加,银行存款减少。记入"营业外支出"账户的借方和"银行存款"账户的贷方。编制会计分录如下:

借:营业外支出——捐赠支出　　　　　　　　　　　　　　　　　　20 000
　　贷:银行存款　　　　　　　　　　　　　　　　　　　　　　　　　20 000

**例 4-37** 月末,将损益类账户中有关收入账户余额转入"本年利润"账户。其中:主营业务收入 130 000 元(A 产品 90 000 元,B 产品 40 000 元),其他业务收入 5 000 元,投资收益 30 000 元,营业外收入 3 400 元。

分析:该项结转,增加本年利润,应记入"本年利润"账户的贷方;各收入类账户从借方转出。编制会计分录如下:

借:主营业务收入　　　　　　　　　　　　　　　　　　　　　　　130 000
　　其他业务收入　　　　　　　　　　　　　　　　　　　　　　　　5 000
　　投资收益　　　　　　　　　　　　　　　　　　　　　　　　　　30 000
　　营业外收入　　　　　　　　　　　　　　　　　　　　　　　　　3 400
　　贷:本年利润　　　　　　　　　　　　　　　　　　　　　　　　　168 400

**例 4-38** 将损益类账户中有关费用类账户的余额转入"本年利润"账户。其中:主营业务成本 89 760 元(A 产品 60 276 元,B 产品 29 484 元),销售费用 3 000 元,税金及附加 1 092元,管理费用 17 620 元,财务费用 2 000 元,其他业务成本 4 000 元,营业外支出 20 000元。

分析：各项支出是利润的抵减因素，月末结转时，应从各费用账户的贷方，转入"本年利润"账户的借方。编制会计分录如下：

　　借：本年利润　　　　　　　　　　　　　　　　　　　　　137 472
　　　　贷：主营业务成本　　　　　　　　　　　　　　　　　　89 760
　　　　　　销售费用　　　　　　　　　　　　　　　　　　　　3 000
　　　　　　税金及附加　　　　　　　　　　　　　　　　　　　1 092
　　　　　　管理费用　　　　　　　　　　　　　　　　　　　　17 620
　　　　　　财务费用　　　　　　　　　　　　　　　　　　　　2 000
　　　　　　其他业务成本　　　　　　　　　　　　　　　　　　4 000
　　　　　　营业外支出　　　　　　　　　　　　　　　　　　　20 000

根据以上资料，计算本月有关利润额如下：

　　营业收入 = 130 000 + 5 000 = 135 000(元)
　　营业成本 = 89 760 + 4 000 = 93 760(元)
　　营业利润 = 135 000 - 93 760 - 1 092 - 3 000 - 17 620 - 2 000 + 30 000 = 47 528(元)
　　利润总额 = 47 528 + 3 400 - 20 000 = 30 928(元)

**例 4-39**　根据计算出的利润总额，假设没有税前调整项目，按税法规定计算出本月应交所得税 7 732 元。所得税税率为 25%。即：

$$应交所得税 = 30\,928 \times 25\% = 7\,732(元)$$

分析：该笔应交的所得税使企业费用和负债同时增加，记入"所得税费用"账户的借方和"应交税费"账户的贷方。同时，还要将所得税费用从"所得税费用"账户的贷方转入"本年利润"账户的借方。编制会计分录如下：

　　借：所得税费用　　　　　　　　　　　　　　　　　　　　7 732
　　　　贷：应交税费——应交所得税　　　　　　　　　　　　　7 732
　　借：本年利润　　　　　　　　　　　　　　　　　　　　　7 732
　　　　贷：所得税费用　　　　　　　　　　　　　　　　　　　7 732

由此可计算出本月实现的净利润：

$$净利润 = 30\,928 - 7\,732 = 23\,196(元)$$

**想一想**

企业的经营目标——利润，会计是如何计算出来的？请你再计算一次(要熟记计算过程)，远大公司 12 月 31 日的所有者权益总额是多少？其中有多少是本期净利润带来的？

净利润形成核算程序简图，如图 4-6 所示。

| 银 行 存 款 | | | |
|---|---|---|---|
| (34) 30 000 | (36) 20 000 | | |
| (35) 3 400 | | | |

| 本 年 利 润 | | | |
|---|---|---|---|
| (38) 137 472 | (37) 168 400 | | |
| (39) 7 732 | | | |

| 投 资 收 益 | | | |
|---|---|---|---|
| (37) 30 000 | (34) 30 000 | | |

| 营 业 外 支 出 | | | |
|---|---|---|---|
| (36) 20 000 | (38) 20 000 | | |

| 营 业 外 收 入 | | | |
|---|---|---|---|
| (37) 3 400 | (35) 3 400 | | |

| 主 营 业 务 收 入 | | | |
|---|---|---|---|
| (37) 130 000 | | | |

| 其 他 业 务 收 入 | | | |
|---|---|---|---|
| (37) 5 000 | | | |

| 主 营 业 务 成 本 | | | |
|---|---|---|---|
| | (38) 89 760 | | |

| 销 售 费 用 | | | |
|---|---|---|---|
| | (38) 3 000 | | |

| 税 金 及 附 加 | | | |
|---|---|---|---|
| | (38) 1 092 | | |

| 管 理 费 用 | | | |
|---|---|---|---|
| | (38) 17 620 | | |

| 财 务 费 用 | | | |
|---|---|---|---|
| | (38) 2 000 | | |

| 其 他 业 务 成 本 | | | |
|---|---|---|---|
| | (38) 4 000 | | |

| 所 得 税 费 用 | | | |
|---|---|---|---|
| (39) 7 732 | (39) 7 732 | | |

| 应 交 税 费 | | | |
|---|---|---|---|
| | (39) 7 732 | | |

图 4-6 净利润形成核算程序简图

### (二) 利润分配核算举例

利润分配一般在年末进行,对全年净利润额进行分配,以上计算的是 12 月份实现的净利润,假定前 11 个月共实现净利润 23 480 元,则:

$$全年净利润额 = 23\ 480 + 23\ 196 = 46\ 676(元)$$

**例 4-40** 结转全年累计实现的净利润 46 676 元。

分析:年末应将全年实现的净利润从"本年利润"账户的借方转到"利润分配"账户的贷方。编制会计分录如下:

借:本年利润　　　　　　　　　　　　　　　　　　　　　　　　46 676
　　贷:利润分配——未分配利润　　　　　　　　　　　　　　　　　46 676

**例 4-41** 按全年实现净利润额的 10% 和 5% 分别提取法定盈余公积 4 667.60 元和任意盈余公积 2 333.80 元。

分析：提取盈余公积，减少利润分配，应借记"利润分配"账户；增加法定盈余公积和任意盈余公积，应贷记"盈余公积"账户。编制会计分录如下：

借：利润分配——提取盈余公积　　　　　　　　　　　　　　　　　7 001.40
　　贷：盈余公积——法定盈余公积　　　　　　　　　　　　　　　4 667.60
　　　　　　　　——任意盈余公积　　　　　　　　　　　　　　　2 333.80

**例 4-42**　经研究决定，向投资者分配利润 20 000 元。

分析：分派利润，减少利润分配，记入"利润分配"账户的借方；同时，增加企业的负债，记入"应付股利"账户的贷方。编制会计分录如下：

借：利润分配——应付股利　　　　　　　　　　　　　　　　　　　20 000
　　贷：应付股利　　　　　　　　　　　　　　　　　　　　　　　　　20 000

### 想一想

假设远大公司是新设立的公司，该年年终还有多少未分配利润？它属于公司的留存收益吗？

利润分配的核算程序简图如图 4-7 所示。

| 盈 余 公 积 | | 利 润 分 配 | |
|---|---|---|---|
| | (41)　4 667.60 | (41)　7 001.40 | (40)　4 667.60 |
| | (41)　2 333.80 | (42)　20 000 | |

| 应 付 股 利 | | 本 年 利 润 | |
|---|---|---|---|
| | (42)　20 000 | (40)　46 676 | |

图 4-7　利润分配核算程序简图

4-14 企业财务造假案

4-15 新公司法对会计核算的影响

### 思考与练习

一、复习思考题

1. 利润总额的构成内容是什么？如何计算确定利润总额？
2. 企业年末是如何进行利润分配的？

二、判断题

1. "本年利润"账户期末余额在贷方表示企业实现的盈利，在借方则表示企业发生的亏损。　　　　　　　　　　　　　　　　　　　　　　　　　　　　　　（　　）
2. 企业按规定计算应交所得税时应借记"利润分配"账户，贷记"应交税费"账户。
　　　　　　　　　　　　　　　　　　　　　　　　　　　　　　（　　）

## 三、单项选择题

1. 将税后利润向投资者分派利润，应记入的贷方账户是（　　）。
   A．"利润分配" B．"本年利润"
   C．"应付股利" D．"资本公积"
2. "本年利润"账户期末出现借方余额表示（　　）。
   A．本期实现的净利润 B．本期发生的净亏损
   C．未分配的利润 D．未弥补的亏损
3. 计算所得税费用时，借方的会计账户是（　　）。
   A．"应交所得税" B．"所得税费用"
   C．"管理费用" D．"税金及附加"

## 四、多项选择题

1. 下列各类账户中，（　　）期末应转入"本年利润"账户。
   A．资产类 B．负债类
   C．费用类 D．收入类
2. 期末应转入"本年利润"账户贷方的有（　　）账户。
   A．"主营业务收入" B．"主营业务成本"
   C．"投资收益" D．"营业外收入"
3. 利润分配的内容包括（　　）。
   A．提取法定盈余公积 B．提取任意盈余公积
   C．向投资者分派利润 D．弥补以前年度亏损

## 五、实训题

（一）目的：练习利润及利润分配的核算。

（二）资料：大新公司2024年12月份有关经济业务如下。

(1) 企业收到供货单位违约罚款1 200元存入银行；

(2) 通过希望工程用银行存款向某小学捐赠修缮款50 000元；

(3) 收到滞纳金罚款50 000元存入银行；

(4) 某联营单位宣告向大新公司发放本年度实现的利润60 000元；

(5) 月末，根据前例中登记的各收入类账户资料，将本月"主营业务收入""其他业务收入""投资收益""营业外收入"账户余额转入"本年利润"账户的贷方；

(6) 月末，根据前例中登记的费用类账户资料，将本月"主营业务成本""其他业务成本""管理费用""销售费用""财务费用""税金及附加""营业外支出"等账户的余额转入"本年利润"账户的借方；

(7) 按上述结转利润总额的25%计算本月应交纳的所得税额，并结转到"本年利润"账户；

(8) 假定大新公司本年1~11月份累计实现净利润700 000元，结转全年实现的净利润；

(9) 按税后净利润额的 10% 计提法定盈余公积,按 5% 计提任意盈余公积;

(10) 按净利润的 70% 的比例向投资者分派利润。

(三) 要求:根据上述经济业务编制会计分录。

# 项目小结

本项目主要介绍了工业企业资金筹集、供应、生产、销售、利润形成和利润分配等不同阶段主要经济业务的核算。在此过程中,要理解并熟悉工业企业主要经济业务所用账户的结构及用途,掌握材料采购成本和产品生产成本的内容和计算方法,掌握利润总额的构成及计算方法。借贷记账法是一种广泛使用的记账方法,是基础会计课程的核心内容,准确把握借贷记账法在工业企业中的运用,正确编制会计分录,是应该掌握的重要会计核算方法,是会计人员的基本能力要求,也是初学者应该学习、掌握的重点。

4-16 项目四参考答案

# 模块三

## 技能实践

# 项目五 会计凭证

### 知识目标

1. 知道会计凭证的含义和种类;
2. 认识常用原始凭证,熟悉其基本内容和填制要求;
3. 掌握记账凭证的填制和审核方法;
4. 学会正确地使用会计凭证。

### 能力目标

1. 能辨识常见原始凭证,并判断其承载的经济业务;
2. 能填制企业典型经济业务的原始凭证;
3. 能正确、规范审核原始凭证,并能正确处理有误的原始凭证;
4. 能正确编制不同类别的记账凭证;
5. 能审核和纠正有误的记账凭证。

### 素养与思政目标

1. 收集各类原始凭证,进行分类对比,了解不同类型原始凭证的格式、要素和特点,养成调查研究的习惯,培养学思结合、知行统一、勇于探索的精神;
2. 分组合作,填制并审核原始凭证,理解不同会计岗位的职责权限,结合案例了解职业操守和风险防控意识在会计工作中的意义;
3. 审核记账凭证,理解每一笔会计凭证背后的业务流程,使学生树立服务意识,知晓会计人员的工作职责,严格遵守会计准则,具备严谨的工作作风和敬业精神。

## 任务一　认识会计凭证

### 情景导入

大智面对业务人员送到财务部的火车票、住宿发票、餐饮发票等因公出差的各类票据，有点不知所措，不知如何做起。会计刘明对他说，按公司的报销规定办理手续。那么，公司的费用报销规定是什么？为加强企业内部控制，公司日常会计工作要遵循什么审批流程？不同公司的业务审批流程一样吗？

### 一、会计凭证的含义

会计凭证是记录经济业务，明确经济责任，作为登账依据的具有法律效力的书面证明。以凭证为依据进行会计核算，是会计核算的显著特点和基本原则。

### 二、会计凭证的作用

从会计核算的三个基本步骤"凭证—账簿—报表"，可以看出，填制和审核会计凭证，是会计核算的初始环节，做好该项工作，具有以下重要作用。

1. 可以如实反映经济业务内容，为记账提供可靠依据

会计核算要求，对发生的每一笔经济业务都要填制或取得具有法律效力的凭证，并且在记账前要由有关人员进行审核，这样可以保证业务内容的真实性，为登记账簿提供依据。

2. 可以检查经济业务的合法、合规性，保障会计信息质量

通过对会计凭证的审核，可以检查各项经济业务是否符合国家的政策、法律、规章，检查企业有无违反国家财经法规、损害企业利益的行为发生。

3. 可以明确和加强内部经营管理责任制

通过对会计凭证的填制和审核的分工，可以明确有关责任人的经济责任。

### 三、会计凭证的种类

会计凭证通常按其填制程序和用途，可分为原始凭证和记账凭证。

### 想一想

如果你在超市购物，收银员通过计算机打印出的购物小票是你购买商品的证明，它属于会计凭证，对吗？

(续上)

试列举出日常生活中接触到的凭证。

## 任务二　熟悉原始凭证的填制

### 情景导入

公司业务部门支付一笔货款，需要填制一张支票。大智心想，在学校的模拟实习和智能财税平台上都训练过，应该没有问题，这点自信还是有的。会计刘明提醒说，银行对支票的填制要求比较高，稍有不慎就会被拒付。大智填好后到银行办理业务顺利过关。如何规范填写支票呢？

我国全面数字化电子发票（简称数电票）已得到有效推广。数电票完全不同于以往任何发票的变革，它代表着以票控税时代的结束和以数控税时代的开启。以数控税的前提就是全面数字化电子发票，它与以往的纸质发票、电子发票有本质不同。数电票是与纸质发票具有同等法律效力的全新发票，不以纸质形式存在、不用介质支撑、不需要申请领用。数电票时代，纸质发票的票面信息全面数字化，多个票种集成归并为电子发票单一票种，设立税务数字账户，实现全国统一赋码、智能赋与发票开具金额总额度、自动交付流转，数据可以在全国税务系统内即时共享。

5-2　原始凭证的填制

### 一、原始凭证的含义

原始凭证是在经济业务发生时直接填制或取得的，用以记录经济业务发生和完成情况的最初书面证明，是编制记账凭证和登记明细账的依据，如购货发票、领料单、银行结算凭证等。

### 二、原始凭证的种类

#### （一）按其来源不同

按其来源不同，可分为外来原始凭证和自制原始凭证。

（1）外来原始凭证，是从企业以外的其他单位或个人取得的原始凭证，如购货取得的增值税专用发票等。格式如表5-1所示。

表 5-1 增值税专用发票

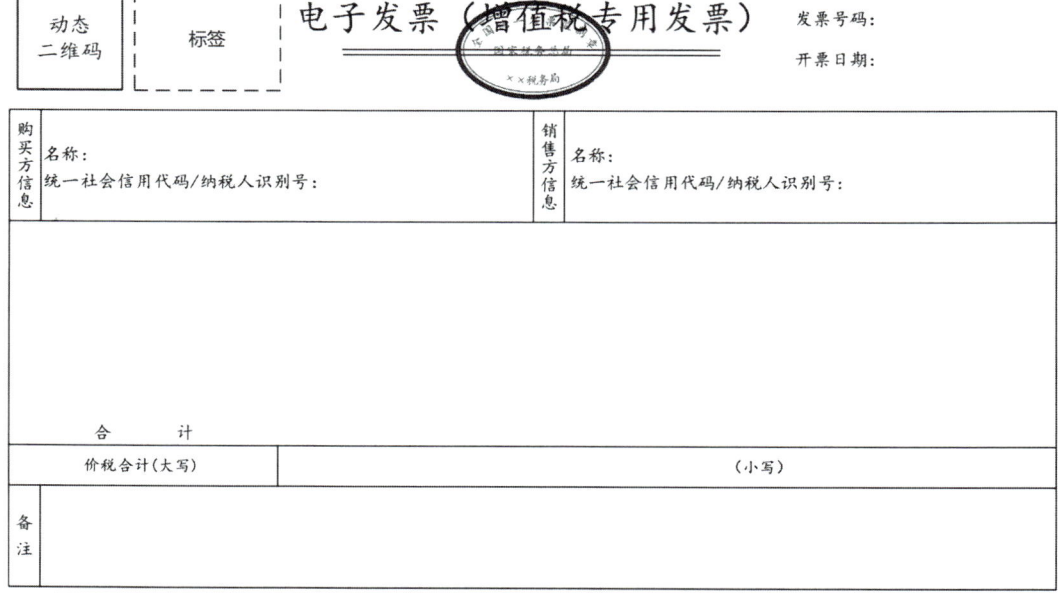

| 动态二维码 | 标签 | 电子发票（增值税专用发票） | 发票号码：<br>开票日期： |

| 购买方信息 | 名称：<br>统一社会信用代码/纳税人识别号： | 销售方信息 | 名称：<br>统一社会信用代码/纳税人识别号： |

| 合　　计 | | |
| 价税合计（大写） | | （小写） |
| 备注 | | |

开票人：

## 知识扩展

发票是指在购销商品、提供劳务或者是接受服务以及从事其他经营活动中，开具、收取的收付款凭证。发票有增值税普通发票、增值税专用发票和特定业务发票之分。

（2）自制原始凭证，是在经济业务发生时，由企业内部经办业务人员自行填制的凭证，如收料单、领料单、差旅费报销单等。领料单参考格式如表 5-2 所示。

表 5-2　领　料　单

领料部门：一车间
用途：生产 A 产品　　　　　20××年2月8日　　　　　凭证编号：115

| 材料类别 | 材料编号 | 材料名称 | 规格 | 计量单位 | 数量 请领 | 数量 实发 | 单位成本（元） | 金额（元） |
|---|---|---|---|---|---|---|---|---|
| 钢材 | 2050 | 圆钢 | 18 mm | 千克 | 400 | 400 | 5.50 | 2 200 |
| 备注 | | | | | | | 合计 | 2 200 |

仓库管理员：（签章）　　　主管审批：（签章）　　　发料人：（签章）　　　领料人：（签章）

### (二) 按其填制手续和方法不同

按其填制手续和方法的不同,可分为一次原始凭证、累计原始凭证和汇总原始凭证。

(1) 一次原始凭证,是指填制手续一次完成的、一次只记录一项经济业务或若干项同类性质业务的原始凭证,如收料单、差旅费报销单、银行结算凭证等。

> **小提示**
>
> 外来原始凭证都是一次性原始凭证,企业内部自制的原始凭证中大多也属于一次凭证。

(2) 累计原始凭证,是指在一定时期内连续记录若干同类性质经济业务的原始凭证,如限额领料单就属于累计原始凭证。

限额领料单的格式如表 5-3 所示。

**表 5-3　限额领料单**

领料单位:二车间　　　　　　　20××年 2 月　　　　　　　计划产量:3 500 件
材料用途:生产 B 产品　　　　　材料名称:圆钢　　　　　　　单耗定额:0.20 千克
材料类别:钢材　　　　　　　　材料规格:18 mm　　　　　　单　　价:5.50 元
材料编号:2050　　　　　　　　计量单位:千克　　　　　　　领用限额:700

| ××××年 | | 请领数量 | 实发数量 | 累计实发数量 | 限额结余 | 领料人签章 | 备注 |
|---|---|---|---|---|---|---|---|
| 月 | 日 | | | | | | |
| 2 | 3 | 200 | 200 | 200 | 500 | | |
| | 8 | 150 | 150 | 350 | 350 | | |
| | 16 | 120 | 120 | 470 | 230 | (略) | (略) |
| | 20 | 100 | 100 | 570 | 130 | | |
| | 28 | 100 | 100 | 670 | 30 | | |

累计实发金额(大写):叁仟陆佰捌拾伍元整　　　　　　　　　　　　　￥3 685.00

供应部门负责人:(签章)　　　生产部门负责人:(签章)　　　仓库管理员:(签章)

(3) 汇总原始凭证,是将经济业务内容相同的若干张一次原始凭证定期汇总编制而成的一种原始凭证,也称原始凭证汇总表。企业常见的有:发料凭证汇总表(格式如表 5-4 所示)、工资结算汇总表等。

### 表5－4　发料凭证汇总表

20××年2月　　　　　　　　　　　　　　　　　　　　　金额单位：元

| 领料用途 | 甲材料 数量（千克） | 甲材料 金额 | 乙材料 数量（千克） | 乙材料 金额 | 领料合计 |
|---|---|---|---|---|---|
| 生产产品耗用<br>　A产品<br>　B产品 | 350<br>300 | 33 600<br>28 800 | <br>250 | <br>20 500 | 33 600<br>49 300 |
| 小计 | 650 | 62 400 | 250 | 20 500 | 82 900 |
| 车间一般耗用<br>厂部管理部门用 | <br>50 | <br>4 800 | 80 | 6 560 | 6 560<br>4 800 |
| 合计 | 700 | 67 200 | 330 | 27 060 | 94 260 |

注意：汇总原始凭证所汇总的内容，只能是同类经济业务，不能汇总两类或两类以上的经济业务。

**想一想**

累计原始凭证和汇总原始凭证有何不同？

5-3　白条

### 三、原始凭证的内容

原始凭证种类繁多、形式多样，但无论哪种原始凭证，都须具备以下共同的基本内容（即凭证要素）：

（1）原始凭证名称。

（2）填制凭证的日期。

（3）填制凭证单位名称或填制人姓名。

（4）接受凭证单位名称或个人姓名。

（5）经济业务内容。

（6）经济业务涉及的数量、单价和金额。

（7）经办人员的签名或盖章。

**知识扩展**

原始凭证签章要求：

（1）从外单位取得的原始凭证，必须盖有填制单位的公章。

（2）从个人取得的原始凭证，必须有填制人员的签名或盖章。

（续上）

(3) 自制原始凭证必须有经办单位或者指定人员签名或者盖章。
(4) 对外开出的原始凭证，必须加盖本单位的公章。

> **想一想**
>
> 如果你到书店买了一本书，粗心的工作人员忘记在发票上盖章和签名，它能成为有效的原始凭证吗？

### 四、原始凭证的填制要求

原始凭证作为重要的原始证明，其填制的具体要求主要有以下几点。

1. 内容要真实合法

原始凭证上所记录的经济业务应与实际情况相符，数字要真实可靠，并要符合国家有关法律、规章的规定。

2. 填列要准确完整

经济业务所涉及的原始凭证的相关内容，包括经济业务的内容、数量、金额等项目，都要逐项填列，不得遗漏和省略。有关经办人员要签名或盖章，做到手续完备。

3. 书写要正确、清晰

5-4 会计数字书写规范

5-5 从支票填制中培养学生职业素养

> **知识扩展**
>
> 原始凭证填写有以下几个方面的要求：
> (1) 文字书写要正确、清晰，易于辨认。各种凭证填写要使用蓝、黑墨水。经济内容要简明扼要。
> (2) 数字金额规范。大小写数字要正确填写，空白金额行要划斜线注销；汉字大写金额一律用：壹、贰、叁、肆、伍、陆、柒、捌、玖、拾、佰、仟、万、亿、元、角、分、零、整等；大写金额到元或角为止的，应在元、角字后写"整"字，大写金额数字有分的，分字后面不写"整"字；阿拉伯数字中间有"0"的，汉字大写金额要有"零"字，如：￥300.34，汉字大写金额应写为：叁佰元零叁角肆分。
> (3) 不得随意涂改原始凭证。原始凭证填写错误，要使用正确的改错方法进行更正，不得涂抹、刮擦、挖补或用更正液改写。

**4. 编制要及时**

原始凭证的填制时间应与经济业务发生或完成时间相一致，避免事后补填造成差错。

## 五、原始凭证的审核

原始凭证是会计核算的原始资料和重要依据，只有审核无误的原始凭证，才能作为记账的依据。审核的内容主要包括以下两个方面。

**1. 审核原始凭证的真实性和合法性**

审核原始凭证上记录的经济业务是否符合国家有关财经政策法令、规章制度等，是否符合企业计划、预算、合同的规定，是否符合审批权限和手续，是否有伪造、涂改原始凭证的痕迹。

**2. 审核原始凭证的正确性和完整性**

原始凭证的正确性，主要体现在填写的数量、单价、金额是否填写得清楚，计算有无差错，大小写金额是否一致。

原始凭证的完整性，主要看原始凭证对经济业务内容的反映是否完整，项目是否齐全，手续是否完备，是否有经办人员的签名或盖章，主管人员是否审批同意。

---

**知识扩展**

《会计基础工作规范》明确规定：原始凭证记载的各项内容均不得涂改；原始凭证有错误的，应当由出具单位重开或更正，更正处应加盖出具单位印章。原始凭证金额有错误的，应当由出具单位重开，不得在原始凭证上更正，不得随意涂改、刮擦、挖补。事先编号的重要原始凭证填制错误的应加盖"作废"戳记，连同存根一起保存。

---

在审核中，应分别不同的情况进行处理：

（1）对于符合要求的原始凭证，应及时据以编制记账凭证。

（2）对于不真实、不合法的原始凭证，会计人员有权不予受理，并向单位负责人报告。

（3）对于内容不全面、手续不完备、数字不准确，或其他填写有错误的原始凭证，应当退还给原填制单位或个人，并令其更正或重新填写。

5-6 坚持原则、坚守准则

## 思考与练习

**一、复习思考题**

1. 哪些经济业务必须要填制原始凭证？哪些经济事项不需要填制原始凭证？
2. 请收集生活中的原始凭证，说说它们属于哪种原始凭证？它们分别有什么作用？

3. 原始凭证的基本内容和填制要求有哪些？审核内容包括哪些方面？
4. 原始凭证发生填写错误、遗失等情况应如何处理？

二、判断题

1. 会计人员填制的凭证即为会计凭证。（    ）
2. 审核无误的原始凭证是编制记账凭证的唯一依据。（    ）
3. 累计凭证是可以反映若干类经济业务的原始凭证，如限额领料单。（    ）
4. 发料汇总表属于汇总原始凭证。（    ）
5. 外来原始凭证都是一次凭证。（    ）

三、单项选择题

1. （    ）是记录经济业务，明确经济责任，作为记账依据具有法律效力的书面证明。
   A. 会计凭证　　　B. 原始凭证　　　C. 记账凭证　　　D. 转账凭证
2. 银行收账通知、外单位的收款收据，都属于（    ）。
   A. 自制原始凭证　B. 累计凭证　　　C. 计算凭证　　　D. 一次凭证
3. 发料汇总表属于（    ）。
   A. 累计凭证　　　　　　　　　　　B. 外来原始凭证
   C. 汇总原始凭证　　　　　　　　　D. 记账凭证
4. 下列项目中，不能作为会计核算原始依据的凭证是（    ）。
   A. 发货单　　　　B. 商品入库单　　C. 购销合同　　　D. 领料单

四、多项选择题

1. 限额领料单属于（    ）。
   A. 原始凭证　　　　　B. 累计凭证　　　　　C. 外来原始凭证
   D. 自制原始凭证　　　E. 一次凭证
2. 原始凭证审核的内容主要包括（    ）。
   A. 凭证的真实性　　　B. 凭证的合理性
   C. 凭证的正确性　　　D. 凭证的完整性
3. 下列凭证中，属于会计核算中原始凭证的有（    ）。
   A. 银行结算凭单　　　B. 实物收据　　　　　C. 计划任务书
   D. 购货发票　　　　　E. 职工考勤表

## 任务三　掌握记账凭证的填制

### 情景导入

经过一段时间的工作实践，大智已经可以独立办理一些收付款业务了。办理完收

(续上)

付款业务后,大智需要在会计刘明编制的收款凭证和付款凭证上电子签章,他也经常帮会计刘明做一些辅助工作,渐渐地也了解了会计工作的主要流程。他发现,会计的工作内容很多,包括收集和审核原始凭证,填制和审核记账凭证,编制科目汇总表,登记账簿和对账结账,编制会计报表等。在会计工作中,分析公司的经济业务并依据原始凭证编制记账凭证,是所有工作业务中最重要的一个环节,也是考验智慧、展示职业能力的关键一环。这天,会计刘明开具了一张增值税专用发票,请问,增值税专用发票从哪里取得?开票的依据是什么?有哪些开票规范?

5-7 记账凭证的填制

## 一、记账凭证的含义

记账凭证是会计人员根据审核无误的原始凭证填制,记录会计分录具体内容,直接作为登账依据的会计凭证。原始凭证种类繁多,格式不一,直接用于登记账簿很不直观,很不清晰,所以,要对业务纷繁的原始凭证归类整理,确定应归属的会计科目和借贷金额,填制记账凭证,再予以登账。

## 二、记账凭证的种类

记账凭证按所反映的经济业务的不同,可以分为专用记账凭证和通用记账凭证。

### (一)专用记账凭证

专用记账凭证可分为收款凭证、付款凭证和转账凭证三种。

(1)收款凭证,是根据现金和银行存款收款业务的原始凭证填制的,记录现金和银行存款增加业务的凭证。凭证格式如表5-5所示。

(2)付款凭证,是根据现金和银行存款付款业务的原始凭证填制的,记录现金和银行存款减少业务的凭证。凭证格式如表5-6所示。

(3)转账凭证,是根据不涉及现金和银行存款收付业务的原始凭证填制的,记录现金和银行存款增减业务以外的转账业务的凭证。凭证格式如表5-7所示。

> **想一想**
>
> 收款凭证和付款凭证的主要区别在哪里?

### (二)通用记账凭证

通用记账凭证是指不分收款、付款和转账业务,全部经济业务共同使用格式统一的记账凭证。它主要适用于业务量不大,经营规模较小的单位。实际中使用较普遍。凭证格式如表5-8所示。

### 三、记账凭证的内容

在会计实务中,无论采用什么格式,都应具备以下基本内容:

(1) 记账凭证的名称。

(2) 填制单位的名称。

(3) 填制记账凭证的日期和编号。

(4) 经济业务的内容摘要。

(5) 会计科目(包括一级会计科目、二级会计科目和三级明细科目)、应借应贷的方向及金额。

(6) 记账符号(即过账对照)。

(7) 所附原始凭证张数。

(8) 制证、复核、记账及会计主管等有关人员的签名或盖章。

### 四、记账凭证的编制

#### (一) 记账凭证的编制要求

##### 1. 审核原始凭证

在对原始凭证审核无误的基础上才能编制记账凭证。

##### 2. 选择记账凭证的格式

要根据本企业经济管理和会计核算的特点,选择相适应的记账凭证格式,并保持相对稳定。

##### 3. 记账凭证各项内容必须完整,书写规范清楚

记账凭证应包括的内容都要具备,书写方面要求同原始凭证。

##### 4. 记账凭证须连续编号

记账凭证一般按月顺序编号,如果一笔经济业务需要填制多张记账凭证,可采用分数编号法。如一笔经济业务需要填写三张记账凭证,凭证号为5时,这三张凭证号分别为:$5\frac{1}{3}$,$5\frac{2}{3}$,$5\frac{3}{3}$。

##### 5. 注明记账凭证附件张数

为便于复核记账凭证上会计分录的正确与否,防止原始凭证的散失,应在记账凭证上注明原始凭证的张数。若根据同一张原始凭证编制两张以上的记账凭证,则应在未附原始凭证的记账凭证上注明"单据×张,附在第×号记账凭证后",以便复核与查阅。

##### 6. 复核检查记账凭证

填写完毕的记账凭证,应由有关人员进行复核,并签名或盖章。

#### (二) 记账凭证的填制方法

##### 1. 收款凭证的填制

收款凭证是根据现金、银行存款增加业务的原始凭证填制的。

(1) 收款凭证左上方的"借方科目"只可填列"库存现金"或"银行存款"科目。

(2) 收款凭证上方的年、月、日按编制日期填写(下同)。

(3) 右上方是凭证的编号,应按业务发生的顺序编为"银收字第×号"或"现收字第×号"。

(4) 表内对应的"贷方科目"栏,应填入与借方科目相对应的总账科目和明细科目。

(5) 合计金额表示借方"库存现金"科目和"银行存款"科目的金额。

(6) "过账"栏,以"√"表示已经过账。

(7) 凭证右侧的附件张数应按独立的原始凭证计算填列。

现举例说明收款凭证的填制方法。

**例 5-1** 远大公司 2024 年 2 月 5 日收到方达公司前欠货款 30 000 元,存入银行。根据收款通知等原始凭证,填制收款凭证如表 5-5 所示。

表 5-5 收 款 凭 证

借方科目:银行存款　　　　　　2024 年 2 月 5 日　　　　　　银收字第 8 号

| 摘　要 | 贷　方　科　目 ||  过　账  (√) | 金　额 |
|---|---|---|---|---|
| | 总账科目 | 明细科目 | | |
| 收回前欠货款 | 应收账款 | 方达公司 | √ | 30 000 |
| | | | | |
| 合　计 |||| ￥30 000 |

附件 1 张

会计主管:×××　　记账:×××　　出纳:×××　　复核:×××　　制单:×××

### 想一想

在表 5-5 的"收款凭证"格式中,"附件 1 张"是什么意思?

**2. 付款凭证的填制**

付款凭证是根据现金、银行存款付款业务的原始凭证填制的。

付款凭证左上方的"贷方科目"应填写"库存现金"或"银行存款"科目;表内所对应的"借方科目"栏,应填写与贷方科目对应的总账科目和明细科目;其他同收款凭证。

现举例说明付款凭证的填制方法。

**例 5-2** 远大公司 2024 年 2 月 16 日,以现金支付管理用具修理费 400 元。根据有关费用发生的原始凭证,填制付款凭证如表 5-6 所示。

### 表 5-6 付 款 凭 证

贷方科目：库存现金　　　　　　2024 年 2 月 16 日　　　　　　现付字第 6 号

| 摘　要 | 借 方 科 目 ||  过　账 （√） | 金　额 |
|---|---|---|---|---|
|  | 总账科目 | 明细科目 |  |  |
| 支付用具修理费 | 管理费用 | 修理费 | √ | 400 |
|  |  |  |  |  |
| 合　计 |||| ￥400 |

附件1张

会计主管：×××　　记账：×××　　出纳：×××　　复核：×××　　制单：×××

### 小提示

对于现金和银行存款之间的相互划转业务，即从银行提取现金或将现金存入银行，为避免重复填制凭证，一般只填制付款凭证，不填制收款凭证。比如：将现金存入银行，只填制现金付款凭证，依据该凭证同时登记"银行存款"账户的增加和"库存现金"账户的减少。从银行提取现金，只需填制一张银行存款付款凭证即可。

**3. 转账凭证的填制**

转账凭证是根据现金和银行存款收付业务以外记录转账业务的原始凭证填制的。

总账及明细账科目及金额栏的填写是：先填写借方会计科目及金额，后填写贷方会计科目及金额。其他内容的填列与收、付款凭证相同。

现举例说明转账凭证的填制方法。

**例 5-3**　2024 年 2 月 20 日，生产车间领用乙材料 5 500 元，用于生产 B 产品。根据领料凭证，填写转账凭证如表 5-7 所示。

### 表 5-7 转 账 凭 证

2024 年 2 月 20 日　　　　　　　　　　　转字第 4 号

| 摘　要 | 总账科目 | 明细科目 | 过账（√） | 借方金额 | 贷方金额 |
|---|---|---|---|---|---|
| 生产领料 | 生产成本 | B 产品 | √ | 5 500 |  |
|  | 原材料 | 乙材料 | √ |  | 5 500 |
|  |  |  |  |  |  |
| 合　计 |||| ￥5 500 | ￥5 500 |

附件1张

会计主管：×××　　记账：×××　　复核：×××　　制单：×××

**4. 通用记账凭证的填制**

通用记账凭证与转账凭证的格式和填制方法基本相同。需要注意的是："字第×号"应填写"记字第×号"。

仍以例 5-1 为例,说明通用记账凭证的填制方法。

表 5-8 通用记账凭证

2024 年 2 月 5 日　　　　　　　　　　　　　　　　记字第 8 号

| 摘　要 | 总账科目 | 明细科目 | 过账(√) | 借方金额 | 贷方金额 |
|---|---|---|---|---|---|
| 收回货款 | 银行存款 |  | √ | 30 000 |  |
|  | 应收账款 | 方达公司 | √ |  | 30 000 |
|  |  |  |  |  |  |
| 合　　计 |  |  |  | ¥30 000 | ¥30 000 |

附件 1 张

会计主管:×××　　　记账:×××　　　复核:×××　　　制单:×××

## 五、记账凭证的审核

为保证账簿记录的正确性,在记账之前,要有专人对记账凭证进行审核,审核的主要内容包括以下几个方面:

(1) 审核记账凭证是否与所附原始凭证一致,即记账凭证是否附有原始凭证,所附原始凭证的张数、内容和金额是否与记账凭证上的有关记录相一致。

> 小提示
>
> 没有附原始凭证的记账凭证无效(除特殊情况外),并且不能作为登记账簿的依据。

(2) 审核记账凭证上会计科目的运用及账户对应关系是否正确,借贷方向有无错误,借贷金额是否相等。

(3) 审核记账凭证规定应填写的项目是否齐全,填写是否规范,有关责任人是否已经签名或盖章。

(4) 对于实行会计电算化的企业打印出的记账凭证,除审核会计分录等相关内容外,也应由制单、稽核、记账及会计主管等相关责任人签名或盖章。

> 小提示
>
> 记账凭证在审核中,如发现错误,应查明原因,采用重新填写或按照规定的更正方法予以更正。只有审核无误的记账凭证,才能作为登记账簿的依据。

5-8 凭证违规案例

## 思考与练习

### 一、复习思考题

1. 专用记账凭证与通用记账凭证相比较,在格式、内容上有哪些相同和不同之处?
2. 记账凭证的基本内容和填制要求有哪些?审核内容包括哪些方面?
3. 不同种类记账凭证的编制方法是什么?

### 二、判断题

1. 审核无误的原始凭证是编制记账凭证的唯一依据。　　　　　　　　　　　(　　)
2. 收款凭证、付款凭证和转账凭证统称为专用记账凭证。　　　　　　　　　(　　)
3. 记账凭证上的年、月、日应按所附的原始凭证上的日期填写。　　　　　　(　　)
4. 进行调账、结账和更正错误的记账凭证可以不附原始凭证,而是根据账簿记录直接填制的。　　　　　　　　　　　　　　　　　　　　　　　　　　　　　　(　　)
5. 记账凭证审核的内容主要是对所附原始凭证的真实、合法性的审核。　　　(　　)
6. 对于现金和银行存款相互划转的业务,一般只填制收款凭证。　　　　　　(　　)

### 三、单项选择题

1. 以银行存款偿还某单位的欠款,应编制(　　)。
   A. 收款凭证　　　　　　　　　　B. 付款凭证
   C. 转账凭证　　　　　　　　　　D. 计算凭证

2. 材料采购完成,结转其采购成本,应编制(　　)。
   A. 收款凭证　　　　　　　　　　B. 付款凭证
   C. 转账凭证　　　　　　　　　　D. 累计凭证

3. 收款凭证应登记(　　)。
   A. 现金的减少　　　　　　　　　B. 银行存款的减少
   C. 其他货币资金的减少　　　　　D. 现金或银行存款的增加

4. 记账凭证与所附的原始凭证在金额上应(　　)。
   A. 相等　　　　　　　　　　　　B. 不相等
   C. 基本相等　　　　　　　　　　D. 可能相等

5. 转账凭证只登记(　　)的经济业务。
   A. 涉及货币资金收入　　　　　　B. 涉及货币资金付出
   C. 涉及货币资金收付　　　　　　D. 不涉及货币资金收付

### 四、多项选择题

1. 会计凭证按填制程序和用途可以分为(　　)。
   A. 原始凭证　　　　　　　　　　B. 记账凭证
   C. 记账凭证汇总表　　　　　　　D. 汇总原始凭证

2. 企业购进材料一批,以存款支付货款一半,另一半暂欠。该笔业务需要编制的专用记账凭证是( )。
　　A. 收款凭证　　　　　　　　　　B. 付款凭证
　　C. 转账凭证　　　　　　　　　　D. 两张付款凭证
3. 记账凭证是根据( )填制的。
　　A. 原始凭证　　　　　　　　　　B. 外来原始凭证
　　C. 自制原始凭证　　　　　　　　D. 累计原始凭证
4. 付款凭证左上角的主体科目可能是( )。
　　A. "应付账款"　　B. "银行存款"　　C. "库存现金"　　D. "材料采购"

五、实训题

(一)目的：练习专用记账凭证的编制方法。

(二)资料：大新公司2024年6月份发生下列经济业务。

(1) 销售商品一批,货款30 000元,增值税销项税额3 900元,价税合计33 900元,已收存银行；

(2) 将现金5 000元存入银行；

(3) 收到新新公司还来的欠货款24 000元,存入银行存款户；

(4) 业务员李明预借差旅费2 000元,以现金支付；

(5) 以银行存款支付车间水电费2 200元；

(6) 向银行借入3个月期的借款60 000元,已转入存款账户；

(7) 购入A材料一批,价款40 000元,增值税进项税额5 200元,以银行存款付清；

(8) 以现金支付上项材料的运杂费300元；

(9) A材料采购完成,结转其采购成本；

(10) 一车间领用A材料30 000元,投入某产品的生产；

(11) 业务员李明出差回来报销差旅费2 200元,原借款2 000元,不足部分以现金支付；

(12) 以银行存款偿还前欠大明公司货款13 000元；

(13) 外购商品一批8 000元,增值税进项税额1 040元,已验收入库,款项暂欠；

(14) 本月投入生产的A产品,已完工的生产成本为15 000元,转入库存商品；

(15) 以银行存款归还短期借款50 000元；

(16) 以现金购买厂部办公室办公用品560元；

(17) 结转本月销售产品的生产成本21 000元；

(18) 以银行存款支付本月短期借款利息1 500元；

(19) 接受某企业捐赠现金10 000元,已存入银行；

(20) 本月应交的税金及附加共计3 000元,其中城市维护建设税占70%；

(21) 签发现金支票9 000元,向银行提现,备发工资；

(22) 以现金发放职工工资9 000元；

(23) 应向投资者分配利润38 000元。

(三)要求：编制会计分录,然后指出所用的专用记账凭证的种类并填制记账凭证。

## 任务四　认识会计凭证的传递与保管

### 情景导入

大智到公司上班大半年了,财务部积累了好多会计资料,他看到每月会计刘明都要打印相关的凭证,并整理装订成册。大智利用在学校实训的经验也主动去帮忙。公司会计凭证管理的依据是什么?电子凭证如何保管?

### 一、会计凭证的传递

会计凭证的传递是指会计凭证从填制或取得日起到归档保管为止的整个过程,在单位内部有关部门和人员之间的传递程序和手续。它主要包括传递路线、传递时间和传递交接手续。

由于各个单位的经济业务内容不同,会计凭证传递程序也不相同。主要应注意以下几点:

(1) 会计部门应根据各单位的特点确定会计凭证的格式、份数和传递程序,既要使会计凭证能保证会计核算的需要,又能满足内部计划、统计、管理上的需要,提高工作效率。

(2) 根据各业务环节的工作内容和工作量,合理确定会计凭证的传递时间,明确规定各种凭证在各个环节的停留时间,以免造成会计凭证的积压,影响正常工作秩序;会计凭证的传递和处理,必须在报告期内完成,不允许跨期。

(3) 会计凭证在各业务环节的交接手续,应根据各单位内部岗位责任制,规定会计凭证的签收、交接制度。

### 二、会计凭证的保管

会计凭证的保管是指会计凭证在登账以后,所进行的整理、装订、编目和归档存查。保管方法和要求如下:

(1) 会计部门根据会计凭证登账以后,应按有关规定,定期对各种会计凭证进行分类整理。

(2) 应将记账凭证连同所附的原始凭证或原始凭证汇总表,按照编号顺序折叠整齐,并加具封面、封底,按期装订成册。

(3) 在会计凭证的封面上,应注明单位名称、年度、月份和起讫日期、凭证种类、起讫号数、记账凭证和原始凭证张数,装订人员还要在装线封签处签名或盖章。记账凭证封面的格式如表5-9所示。

表 5-9　记账凭证封面格式

| 记账凭证封面 ||
|---|---|
| 单　位 | |
| 时　间 | 年　　　　月 |
| 册　数 | 本月共　　册　　本册是第　　册 |
| 张　数 | 本册自第　　号至第　　号共　　张 |
| 附　件 | |

会计主管：　　　　　　　　装订：　　　　　　　　保管：

> **知识扩展**
>
> 如果记账凭证所附原始凭证数量过多，可以单独装订保管，但要在封面上注明记账凭证的日期、编号、种类，同时在记账凭证上注明"附件另存"和原始凭证的名称及编号；各种经济合同、存出保证金收据以及涉外文件等重要原始凭证，以及其他需要随时查阅和退回的凭证，也应另编目录，单独保管，并在有关记账凭证的原始凭证上相互注明日期和编号。

（4）对装订成册的会计凭证，应指定专人负责保管，年度终了，移交财会档案室归档保管。若需查阅以前年度会计档案，需办理必要手续，方能查看。

> **知识扩展**
>
> 《会计基础工作规范》明确规定：原始凭证不得外借，外单位如因特殊原因需要使用原始凭证时，须经本单位会计负责人、会计主管和单位领导批准后，可向其提供复制件，同时在专设的登记簿上进行登记，由提供人员和收取人员共同签章。

（5）会计凭证保管期限和销毁手续，必须严格执行会计制度的有关规定。

会计凭证的保管期限一般为 30 年，重要的会计凭证，如涉外等会计凭证则要长期保管。任何人无权销毁未到保管期限的会计凭证。保管期满须销毁时，经鉴定应开出清单，按照规定程序，方可销毁。

> **知识扩展**
>
> 故意销毁会计凭证、会计账簿罪：

5-9　电子会计凭证管理

（续上）

2020年3月23日，浙江省绍兴市某纺织有限公司法定代表人戴某因犯故意销毁会计凭证、会计账簿罪，被人民法院一审判处有期徒刑3年，缓刑4年，并处罚金人民币17万元。那么什么是故意销毁会计凭证、会计账簿罪呢？

《会计法》规定，各单位对会计凭证、会计账簿、财务会计报告和其他会计资料应当建立档案，妥善保管。会计档案的保管期限和销毁办法，由国务院财政部门会同有关部门制定。对违反上述规定的行为，《会计法》第四十四条规定：隐匿或者故意销毁依法应当保存的会计凭证、会计账簿、财务会计报告，构成犯罪的，依法追究刑事责任。

只要参与了故意销毁会计凭证、会计账簿的活动，不管是谁，都要被追究刑事责任。在戴某一案中，除了戴某外，该纺织有限公司的财务科长、会计主管和副经理均因参与了故意销毁会计凭证、会计账簿的活动而获罪。

## 思考与练习

一、复习思考题

会计凭证的保管方法和要求是什么？

二、判断题

1. 当会计凭证保管到期时，可由会计人员自行销毁。（  ）
2. 会计凭证的保管期限一般是15年。（  ）

三、多项选择题

会计凭证的保管期限一般为（    ）年。

A. 5　　　　　　　B. 10　　　　　　　C. 15　　　　　　　D. 30

## 项目小结

本项目主要内容包括会计凭证的含义和分类，原始凭证的填制和审核，记账凭证的填制和审核，会计凭证的传递和保管等。其中：原始凭证的填制要求和审核，记账凭证的内容、填制要求和审核是重点。填制和审核会计凭证是会计核算方法之一，也是会计核算工作的起点和基础。因此，认识和了解会计凭证的内容，掌握会计凭证的填制要求，正确填制和审核会计凭证，规范装订会计凭证，是会计人员必备的业务素质。

5-10 项目五参考答案

# 项目六　会计账簿

### 知识目标

1. 理解设置会计账簿的意义；
2. 明确各种账簿的内容和格式；
3. 掌握账簿的登记依据和登记方法，熟记登记规则；
4. 熟练地登记账簿；
5. 掌握常见的错账更正方法；
6. 掌握对账与结账的方法。

### 能力目标

1. 能根据账簿的特点选择合适的账簿组织进行设置和启用；
2. 能正确登记三栏式、多栏式、数量金额式等多种格式的账簿；
3. 能根据会计凭证，正确登记总账、日记账和明细账；
4. 能运用正确的方法更正错账；
5. 能进行期末账证核对、账账核对、账实核对，并对账目进行月结和年结。

### 素养与思政目标

1. 通过比较会计手工记账和会计信息化记账的具体流程，了解人工智能技术给会计行业带来的变革；
2. 通过分组讨论企业不及时更正错账会引发的后果，培养学生的责任意识；
3. 通过认识不同类型账簿在企业会计核算中的作用，激发学生的求知欲，培养学生一丝不苟、严谨务实的职业意识，体验成功的喜悦，提升学生的专业素养，培养其工匠精神。

## 任务一　认识会计账簿

### 情景导入

终于等到登记账簿了。财务部经理张山已经审核完毕记账凭证，由会计刘明记录并审核账目，大智需要记录和审核库存现金日记账和银行存款日记账。刘明告诉大智，财务部经理张山也要登记账簿呢。只不过刘明登记的是明细账，而张山登记的总账。大智想知道的是，公司的账簿是如何设置的？除了日记账、总账、明细账，还有哪些账簿呢？

### 一、会计账簿的含义

会计账簿是由一定格式的账页所组成，以会计凭证为依据，全面、系统、连续地记录和反映各项经济业务的簿籍。账簿是编制会计报表的主要依据，设置和登记账簿是会计核算的一种专门方法。

6-1　会计账簿设置

### 二、会计账簿的作用

科学地设置和正确地登记账簿，对于全面反映经济活动情况，加强经济核算，充分发挥会计的作用，有着十分重要的意义。

**（一）账簿为经济管理提供系统、完整的会计资料**

通过设置和登记账簿，使会计主体全部的经济业务变得系统化和连续化，将分散的核算资料变成总括和明细的账簿资料，变成分类和序时的会计信息，以满足管理方面对会计资料的不同需要。

**（二）账簿为编制会计报表提供会计资料**

通过按照会计科目设置账户，在账簿中序时、分类地记录和反映会计要素的增减变动情况，使会计主体在一定时期的会计资料得以积累和整理，为正确编制财务报表提供主要依据。

### 想一想

会计账簿是根据什么登记的？

## 三、会计账簿的种类

### （一）按用途分类

按用途分类，会计账簿可分为序时账簿、分类账簿和备查账簿三种。

#### 1. 序时账簿

序时账簿也称日记账，是按照经济业务发生的时间顺序，逐日逐笔登记经济业务的账簿。序时账簿有两种：一种是用来登记某一类经济业务的序时账，即特种日记账；另一种是用来登记全部经济业务的序时账，即普通日记账。目前，应用比较广泛的是特种日记账，如库存现金日记账和银行存款日记账。

#### 2. 分类账簿

分类账簿是指对全部经济业务进行分类登记的账簿。按照账簿反映经济内容的详细程度不同，分类账簿可以分为总分类账簿和明细分类账簿两种。

总分类账簿简称总账，它是根据总分类账户设置的，用来核算经济业务总括内容，提供总括资料的账簿。

明细分类账簿简称明细账，它是根据明细分类账户设置的，用来核算经济业务明细内容，提供详细资料的账簿。

#### 3. 备查账簿

备查账簿也称辅助账簿，是指对某些在序时账簿和分类账簿中未能记载或记载不全的经济业务进行补充登记的账簿，如租入固定资产备查簿等。备查账簿不属于账簿体系中的主要账簿、正式账簿。

### （二）按外表形式分类

按外表形式分类，会计账簿可分为订本式账簿、活页式账簿和卡片式账簿三种。

#### 1. 订本式账簿

订本式账簿是指把若干账页事先装订成册的账簿。其优点是能够防止账页散失或抽换，比较安全，缺点是由于订本式账簿的账页固定，使用时不够灵活方便，也不便于分工记账。

> **小提示**
>
> 总分类账、库存现金日记账和银行存款日记账必须采用订本账。

#### 2. 活页式账簿

活页式账簿是指把若干账页用活页形式装在活页账夹中，当账簿登记完毕（通常指一个会计年度）之后，再将账页予以装订，加具封面，并给各账页连续编号的账簿。其优点是账页可以根据需要确定，随时能够增减，也便于分工记账；缺点是账页容易散失或抽换，有一定的随意性。

> **小提示**
>
> 各种明细账一般采用活页账。

#### 3. 卡片式账簿

卡片式账簿是指把若干卡片式的账页组合在一起的账簿,如固定资产明细账等。卡片账页数量可以根据需要增减,账页可跨年度使用。卡片式账簿的优缺点与活页式账簿相同。

### (三) 按使用的账页格式分

按使用的账页格式分,会计账簿可分为三栏式、多栏式、数量金额式三种。

#### 1. 三栏式账簿

三栏式账簿是由三栏式账页组成的账簿。其基本格式是在账页中设置"借方""贷方""余额"三个金额栏。其格式如表 6-1 所示。三栏式账页适用于只需要进行金额核算的经济业务。

表 6-1　库存现金日记账

| 年 | | 凭证字号 | 摘　要 | 对方科目 | 借　方 | 贷　方 | 余　额 |
|---|---|---|---|---|---|---|---|
| 月 | 日 | | | | | | |
| | | | | | | | |
| | | | | | | | |

#### 2. 多栏式账簿

多栏式账簿是由多栏式账页组成的账簿。多栏式账簿格式多种多样,按需要设计,有借方发生额多栏式、贷方发生额多栏式和借方、贷方发生额均设多栏式三种。其格式如表 6-2 所示。多栏式账页一般适用于需要进行分项目具体反映的经济业务。

表 6-2　管理费用明细账

| 年 | | 凭证 | | 摘　要 | 借(贷)方 | | | |
|---|---|---|---|---|---|---|---|---|
| 月 | 日 | 字 | 号 | | | | | 合计 |
| | | | | | | | | |
| | | | | | | | | |
| | | | | | | | | |

#### 3. 数量金额式账簿

数量金额式账簿是由数量金额式账页组成的账簿。格式也采用"借方""贷方""余额"三栏格式的基本结构,但在每栏下面又分别设置"数量""单价""金额"三个小栏目。其格式如表 6-3 所示。它主要适用于既需要反映金额,又需要反映实物数量核算的经济业务。

表 6-3　原材料明细账

| 年 | | 凭证号数 | 摘要 | 借方 | | | 贷方 | | | 余额 | | |
|---|---|---|---|---|---|---|---|---|---|---|---|---|
| 月 | 日 | | | 数量 | 单价 | 金额 | 数量 | 单价 | 金额 | 数量 | 单价 | 金额 |
| | | | | | | | | | | | | |

### 想一想

通过会计账簿分类的学习,想一想,企业必须建立哪些账簿?依据不同类型的业务,各需要采用什么形式的账簿?建立账户时,需要选择什么形式的账页?

6-3　账簿格式与设置

## 四、会计账簿的基本内容

各种会计账簿所记录的经济业务不同,会计账簿的格式有多种多样,但各种账簿一般均应具备下列基本内容:

(1) 封面。标明账簿名称和记账单位名称。

(2) 扉页。设置"账簿启用表""经管账簿人员一览表"。

(3) 账页。账页的格式因其反映的经济业务不同而各异,但应包括以下基本内容:① 账户的名称;② 登账日期栏;③ 凭证种类和号数栏;④ 摘要栏;⑤ 金额栏;⑥ 账页页次。

### 思考与练习

一、复习思考题

1. 什么是账簿?在会计工作中,它主要起哪些作用?
2. 账簿的基本内容和种类包括哪些?

二、判断题

1. 库存现金日记账和银行存款日记账都必须采用订本式账簿。　　(　)
2. 账簿按外表形式分为序时账、分类账和备查账。　　(　)

三、单项选择题

1. "原材料"明细账的格式一般采用(　　)。
　　A. 订本式　　　　　　　　　　B. 多栏式
　　　C. 三栏式　　　　　　　　　D. 数量金额式
2. "生产成本"明细账采用的格式是(　　)。
　　A. 任意格式　　B. 三栏式　　C. 数量金额式　　D. 多栏式
3. 登记账簿的依据是(　　)。
　　A. 会计分录　　B. 会计凭证　　C. 经济合同　　D. 会计报表

四、多项选择题

1. 账簿的构成内容有（　　）。
   A. 账簿封面　　　　　　　　　　B. 账簿使用单位
   C. 账簿扉页　　　　　　　　　　D. 账页
2. 会计主体必须设置的账簿有（　　）。
   A. 序时账　　　B. 分类账　　　C. 备查账　　　D. 流水账
3. 账簿按外表形式分，可以分为（　　）。
   A. 订本式　　　B. 三栏式　　　C. 活页式　　　D. 卡片式
4. 明细账的格式有（　　）。
   A. 三栏式　　　B. 多栏式　　　C. 数量金额式　　　D. 活页式

## 任务二　认识账簿的设置和使用规则

### 情景导入

大智在学校练习过账簿登记，他知道各类账簿都要靠会计凭证来登记。将会计凭证上各个账户的金额变动登记在对应的账簿上，可以全面清晰地反映出各个账户的增减变动情况及结果。大智看到张山和刘明记账时都是小心翼翼的，他知道，记账是一个细心活，需要认真仔细，万一记错就麻烦了。那么，登记账簿有哪些规则？要注意哪些事项？

### 一、账簿的设置原则

账簿的设置，包括确定账簿的种类、内容、格式及登记方法。为了使设置的账簿能够全面地、系统地反映各方面的经济活动情况，提供经营管理所需要的会计核算资料，各单位在设置账簿时必须遵循以下原则：

（1）必须根据国家有关会计制度的基本要求，结合本单位会计核算的具体情况设置账簿。

（2）必须与财产物资的管理相结合，满足加强财产物资管理的要求，做到有钱有物就应有账，以账来反映和管理钱物。

（3）必须做到总括反映和明细反映相结合，序时反映和分类反映相结合，形成完整的、科学的账簿体系。

（4）必须有利于财会部门内部的分工记账，做到简明适用，节省记账时间。

### 知识扩展

《会计基础工作规范》明确规定：各单位应当按照国家统一会计制度规定和会计业务需要设置会计账簿。会计账簿包括总账、明细账、日记账和其他辅助性账簿。

6-4 会计账簿登记规则

## 二、账簿的使用规则

账簿的使用规则主要包括：账簿的启用规则、账簿的交接规则、账簿的登记规则和账簿的保管规则等。

### （一）账簿的启用规则

为了保证账簿记录的合法性和完整性，明确经济责任，防止舞弊行为，启用新账簿时，应由记账人员填写"账簿启用表"，此表通常印制在每本账的第一页上，格式如表6-4所示。

表6-4 账簿启用表

| 单位名称 | | | | | | | | 单位公章 |
|---|---|---|---|---|---|---|---|---|
| 账簿名称 | | | | | | | | |
| 账簿编号 | | 字第　　号第　　册共　　册 | | | | | | |
| 账簿页数 | | 本账簿共计　　页 | | | | | | |
| 启用日期 | | 年　　月　　日 | | | | | | |
| 经管人员 | | 接管人 | | | 移交人 | | 会计负责人 | 备注 |
| 姓名 | 盖章 | 年 | 月 | 日 | 年 | 月 | 日 | 姓名 | 盖章 |
| | | | | | | | | | 贴印花税票 |
| | | | | | | | | | |
| | | | | | | | | | |

对于表6-4的各个项目应逐项填写，并由会计主管人员和记账人员分别签章。办完上述手续后，方可在账簿上进行登记。

### 小提示

启用订本式账簿应从第一页起连续编定页数，中间不得跳页缺号。启用活页式账簿，应按账户顺序编号，并定期装订成册。

### （二）账簿的交接规则

会计人员调动工作，或因故长期离职，按规定办理账簿如下交接手续：

(1) 在交接账簿之前,移交人应先把账簿记录整理结算清楚,然后会同接管人和监交人(一般由会计主管人员负责监交),将账簿记录与实际结存的实物或货币资金进行核对。

(2) 核对相符后,移交人在移交时,还应在账簿中所结算出的余额数字上盖章,以表示对此余额的真实性负责。

(3) 填写"经管账簿人员一览表",在表上注明交接日期,交接人和监交人的姓名,并分别由移交人、接管人和监交人盖章,以明确责任。"经管账簿人员一览表"的格式如表6-4的下半部分所示。

### (三) 账簿的登记规则

会计人员在记账时必须严格遵守下列各项规则:

(1) 认真审核会计凭证。只有经过审核无误的会计凭证才能作为登记账簿的依据。

(2) 内容填写齐全。要将账页上的日期、摘要、金额等有关资料填写齐全。

(3) 做好登账标志。记账后,应在记账凭证上注明过账符号"√",表示此凭证已登记入账,以避免重记或漏记。

(4) 登账用笔要求。登记账簿必须用钢笔和蓝、黑墨水笔书写,不能使用铅笔和圆珠笔,红墨水一般只能在结账划线、改错和冲账时使用。

(5) 书写要求。要求文字书写端正、清楚、整齐,数字应写在金额线内,不得越格错位。另外,文字和数字应紧靠每行的底线书写,大小约占行格的1/2,以便于改错。

(6) 账页转页处理。每一账页登记到倒数第2行时,就应办理转页手续。

首先在账页的最后一行,加计本期借方发生额合计数和本期贷方发生额合计数,并结出余额,在"摘要"栏注明"转次页"字样;然后将借、贷方发生额合计数及余额转抄于新账页的第一行,并在该行的"摘要栏"内注明"承前页"字样。

(7) 账页连续登记。账页必须按编号顺序连续登记,不得隔页跳行。如不慎发生隔页、跳行,应将空页、空行用红色墨水划线注销,以示作废。

(8) 启用年度新账本的处理。每年度开始,启用新账簿时,应将各账户上年的年末余额转抄入新账簿中各账户账页的第一行,并在"摘要"栏注明"上年结转"或"年初余额"字样。

### (四) 账簿的保管规则

每一会计年度结束后,应将旧账簿进行整理,归档妥善保管。为了防止散失,归档时,对活页式和卡片式账簿均应装订成册,加具封面,标明企业名称、账簿的名称、会计年度、账页和起讫号数等。装订成册的账簿都应加贴封签,并由会计主管签章。

## 思考与练习

复习思考题

1. 账簿的登记规则包括哪些内容?
2. 启用账簿应注意哪些规则?

## 任务三  掌握账簿的登记方法

### 情景导入

虽然大智在学校的会计模拟实习环节中练习过登记账簿,但现在要正式手工记录日记账,还真有点紧张,于是他再次请教会计刘明。刘明会给大智说些什么呢?

会计账簿的格式很多,现将几种主要账簿的基本格式和登记方法介绍如下。

### 一、序时账簿的登记方法

特种日记账是目前应用比较广泛的序时账簿,如库存现金日记账和银行存款日记账,是每个单位都必须设置的日记账。

#### (一)库存现金日记账

库存现金日记账是由出纳人员根据现金收款凭证、付款凭证和银行存款付款凭证(记录从银行提取现金业务)及所附原始凭证,按经济业务发生的时间顺序,逐日逐笔进行登记的。账页格式一般为三栏式。

库存现金日记账的登记方法如下:

(1)日期栏:应登记记账凭证的日期,与现金实际收付日期一致。

(2)凭证栏:应登记记账凭证的种类和编号,如"现金收(付)款凭证",可简写为"现收(付)",凭证栏还应登记记账凭证的编号,以便查核。

(3)摘要栏:应简要说明经济业务的内容。

(4)对方科目栏:应登记现金的来源科目或支出的用途科目,如:借支差旅费,其用途科目(即对方科目)为"其他应收款"。

(5)借方、贷方栏:应登记记账凭证上现金实际收付的金额。每日终了,应分别计算现金收入和支出的合计数,结出余额,月终,应计算出现金月收入、支出的合计数,并将库存现金日记账的账面余额与库存现金实有数相核对。

库存现金日记账的登记如表6-5所示。

表6-5  库存现金日记账    金额单位:元

| ××××年 | | 凭证号 | 摘　　要 | 借方 | 贷方 | 借或贷 | 余额 |
|---|---|---|---|---|---|---|---|
| 1 | 1 | | 上年结转 | | | 借 | 1 000 |
| | 1 | | 提现金 | 2 000 | | 借 | 3 000 |

(续表)

| ××××年 | 凭证号 | 摘　　要 | 借方 | 贷方 | 借或贷 | 余额 |
|---|---|---|---|---|---|---|
|  | 1 | 买办公用品 |  | 800 | 借 | 2 200 |
|  | 1 | 出差借款 |  | 1 500 | 借 | 700 |
|  | 2 | 提现金 | 1 700 |  | 借 | 2 400 |
|  | 3 | …… |  |  |  |  |
|  | … | …… |  |  |  |  |
| 1 | 31 | 本月合计 |  |  |  |  |

### （二）银行存款日记账

银行存款日记账是由出纳人员根据银行存款收款凭证、银行存款付款凭证和现金付款凭证（记录将现金存入银行业务）及所附原始凭证，按经济业务发生的时间顺序，逐日逐笔进行登记的。银行存款日记账的格式一般为三栏式。

银行存款日记账的登记方法如下：

（1）日期栏：应登记记账凭证的日期，与银行存款实际收付日期一致。

（2）凭证栏：应登记记账凭证的种类和编号，其他与库存现金日记账的登记方法一致。

（3）摘要栏：应简要说明经济业务的内容。

（4）结算凭证栏：应根据记账凭证所附的结算凭证填写，以便与开户银行核对。

（5）对方科目栏：应登记银行存款的来源科目或支出的科目。

（6）借方、贷方栏：应登记记账凭证上银行存款实际收付的金额。每日终了，应分别计算银行存款的收入和支出合计数，结出余额；月终应计算出银行存款全月收入、支出的合计数，还要逐笔与银行对账，保证账实相符。

> **小提示**
>
> 库存现金日记账和银行存款日记账必须逐日结出余额。

## 二、分类账簿的登记方法

### （一）总分类账簿的登记方法

总分类账簿简称总账，它是按总分类科目设置并进行分类登记的账簿。每个单位都必须设置总分类账簿，总账只登记金额。账页格式一般为三栏式。

总分类账的具体登记步骤和方法如下：

（1）将记账凭证的日期、凭证号数、摘要和借、贷方的金额等分别填列在账户的相应栏目内。

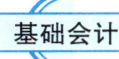

(2) 根据账户记录计算账户余额，将其填入"余额"栏，并按方向在"借或贷"栏内填上"借"字或"贷"字。

> **小提示**
>
> 根据记账凭证登记总账是登记总账的最基本方法。在实际工作中，由于各单位采用的账务处理程序不同，因此，登记总账的方法也有所不同，具体情况详见后面项目说明。

### （二）明细分类账簿的登记方法

明细分类账也称明细账，是按每个明细科目设置并进行分类登记的账簿。明细分类账主要有三栏式、数量金额式和多栏式三种格式。

#### 1. 三栏式明细账簿

它一般适用于只能或只需采用金额进行明细核算的账户，如"应收账款""应付账款"等债权债务方面的明细核算。三栏式明细账登记方法与总分类账的登记方法基本相同。

#### 2. 数量金额式明细账簿

这种明细账一般适用于既要进行金额核算，又要进行实物数量核算的财产物资的明细核算，如"原材料""库存商品"等账户的明细分类核算。

明细分类账的登记方法：其具体登记步骤和方法除在登记内容上增记"数量"和"单价"外，其他与"三栏式"登记相同。

以原材料明细账为例，具体登账如表6-6所示。

表6-6 原材料明细账　　　　　　　　　　　　　　单位：元

| ××××年 |  | 凭证号数 | 摘要 | 借方 |  |  | 贷方 |  |  | 余额 |  |  |
|---|---|---|---|---|---|---|---|---|---|---|---|---|
| 月 | 日 |  |  | 数量 | 单价 | 金额 | 数量 | 单价 | 金额 | 数量 | 单价 | 金额 |
| 1 | 1 |  | 期初余额 |  |  |  |  |  |  | 10 | 10 | 100 |
|  | 7 | 3 | 入库 | 50 | 10 | 500 |  |  |  | 60 | 10 | 600 |
|  | 12 | 7 | 出库 |  |  |  | 45 | 10 | 450 | 15 | 10 | 150 |
| 1 | 31 |  | 本月合计 | 50 | 10 | 500 | 45 | 10 | 450 | 15 | 10 | 150 |

> **小提示**
>
> 明细分类账一般根据记账凭证直接登记，有时应根据有关的原始凭证或原始凭证汇总表登记。

### 3. 多栏式明细账簿

多栏式明细账是在账页的借方（贷方）分设若干专栏进行明细分类核算的账簿。多栏式明细账的格式可以根据管理需要灵活设计。这种格式一般适用于需要进行金额核算而不需要进行数量核算，并且管理上要求反映项目构成情况的经济业务，如成本费用明细账、本年利润明细账等。

现以管理费用明细账为例，说明多栏式明细账的登记，具体登记方法如表 6-7 所示。

**表 6-7 管理费用明细账**  单位：元

| ××××年 | | 凭证 | | 摘要 | 借方 | | | | |
|---|---|---|---|---|---|---|---|---|---|
| 月 | 日 | 字 | 号 | | 办公费 | 薪酬费 | 折旧费 | 其他 | 合计 |
| 6 | 3 | 付 | 2 | 购办公用品 | 300 | | | | 300 |
| | 10 | 转 | 7 | 提折旧 | | | 4 800 | | 4 800 |
| | 12 | 付 | 4 | 付水费 | | | | 3 100 | 3 100 |
| | 13 | 付 | 5 | 付电费 | | | | 900 | 900 |
| | 30 | 转 | 21 | 分配工资 | | 9 900 | | | 9 900 |
| | 30 | | | 费用合计 | 300 | 9 900 | 4 800 | 4 000 | 19 000 |
| 6 | 30 | 转 | 23 | 结转费用 | (300) | (9 900) | (4 800) | (4 000) | (19 000) |

说明：表格中括号内的数字为负数。

> **想一想**
>
> 管理费用明细账为什么要用多栏式？

## 三、辅助账簿的登记方法

辅助账簿一般没有固定的格式，各单位可根据实际工作的需要来设置和登记。辅助账簿的记录不列入本单位的会计报表。其格式如表 6-8 所示。

**表 6-8 租入固定资产备查账簿**

| 设备名称 | 合同号码 | 租入日期 | 租出单位 | 租金 | 使用部门 | 归还日期 | 备注 |
|---|---|---|---|---|---|---|---|
| | | | | | | | |

> **小提示**
>
> 总账和明细账必须平行登记，一边记入总账账户，另一边记入所属的明细账账户。所不同的只是总账账户中只记载金额的总括数字，而明细分类账，则记载具体的明细数字。

## 思考与练习

一、复习思考题

1. 日记账是怎样设置与登记的？
2. 分类账是怎样设置与登记的？

二、判断题

1. 各种明细账的登记，可以原始凭证或原始凭证汇总表或记账凭证为依据。（　）
2. 登记账簿不能用铅笔书写，要用蓝、黑墨水钢笔或圆珠笔书写。（　）
3. 总分类账簿是对各项经济业务分类登记的账簿，不存在序时登记问题。（　）

三、单项选择题

1. 从银行提取现金，登记库存现金日记账的依据是（　　）。
   A. 库存现金收款凭证　　　　　　B. 库存现金付款凭证
   C. 银行存款收款凭证　　　　　　D. 银行存款付款凭证
2. 按照经济业务发生的时间先后顺序逐日逐笔进行登记的账簿是（　　）。
   A. 总账　　　　B. 序时账　　　　C. 备查账　　　　D. 明细账

四、实训题

（一）目的：练习库存现金日记账和银行存款日记账的登记方法。

（二）资料：大新公司 2024 年 6 月份的相关资料如下。

（1）6 月初"库存现金日记账"借方余额 8 800 元，"银行存款日记账"借方余额为 660 000 元；

（2）该工厂 6 月份发生的资金业务见项目五（任务三）实训资料。

（三）要求：根据资料开设三栏式"库存现金日记账"和"银行存款日记账"，并按规定登记上述日记账。

## 任务四　掌握错账的更正方法

### 情景导入

大智在会计刘明的悉心指导下，将审核后的收款凭证和付款凭证逐日逐笔登记到库存现金日记账和银行存款日记账上。在登账过程中，尽管大智很小心，但还是经常把数字抄错。例如，明明凭证上的金额是 200 元，大智在登账时却记为 2 000 元。记错账了怎么办？大智很懊悔。刘明宽慰大智说，记错账时常发生，都有纠正的机会，用更正错账的方法更正就可以了。这时，大智猛然想起来，在学校时也学过，于是慢慢冷静下来，虚心跟着刘明学习更正错账的实战方法。

## 一、错账的类型

记账错误大致可以归纳为以下三种类型。

### (一) 由于记账凭证填制错误而引起的记账错误

在填制记账凭证时,有可能在使用会计科目、确定记账方向、填写金额等方面出现错误。如果这种错误在凭证审核时未能发现并加以更正,而据以登记账簿,就必然引起账簿记录的错误。

### (二) 在登记账簿时直接发生的记账错误

这一类错误一般有以下几种情况。

#### 1. 漏记

在记账时,有可能发生某一记账凭证或记账凭证上某一会计科目的数字未登记入账。

#### 2. 重记

在记账时也有可能将已登记入账的数字又重复登记一次,造成账簿多记的错误。

#### 3. 错记

这种记账错误最为普遍,常见的有:

(1) 记错方向。即把应记借方的金额记入了贷方,或把应记贷方的金额记入了借方。

(2) 数字移位。即记错了数字的位数,如把千位数记成百位数,或把百位数记成千位数等。

(3) 邻数倒置。即将相邻两个数字互换了位置,如把 78 记成 87,或把 93 记成 39 等。

### (三) 在计算发生额合计或余额时有误,引起的记账错误

个人疏忽或其他原因导致发生额合计或余额的计算有误,也会引起记账错误。

## 二、错账的更正

记账以后,如果发现账簿记录或据以记账的记账凭证有错误,不得涂改、刮擦、挖补或用褪色药水更正字迹,而应根据错误的类型和发现时间等具体情况,分别按照下列方法予以更正。

### (一) 划线更正法

#### 1. 适用错账类型

记账凭证不错,但在记账后结账之前,发现账簿记录中有文字笔误和数字笔误或计算差错,如:数字移位、邻数倒置、记反方向等错误,可采用划线更正法进行更正。

#### 2. 更正方法

先在错误的文字或数字正中划一条红线,表示注销,并使原来记录的字迹仍可辨认;然后在红线上方空白处,作出正确的记录,并由记账人员在更正处盖章。

> 💡 **小提示**
>
> 划线时,对于文字可只在个别错字上划红线,而对于数字应将一个数的整体全部划去,不能只划线更正个别错了的数字。如果是记错了栏次或行次,划线注销后,将文字或数字填入应记的栏内或行内即可。

6-6 划线更正法

## （二）红字更正法（也称红字冲账法）

### 1. 适用错账类型

记账凭证错误，并已登记入账后，发现据以记账的会计凭证中应借、应贷科目或金额有误，可采用红字更正法更正。

### 2. 更正方法

先用红字金额填制一张与错误的记账凭证的内容完全相同的记账凭证，并据以用红字金额登记入账，以冲销原错误的记录；然后再用蓝字金额填制一张正确的记账凭证，并据以登记入账。

**例 6－1** 制造产品领用材料一批计 2 000 元。在填制记账凭证时，误将"生产成本"账户填为"制造费用"账户，并已登记入账：

借：制造费用　　　　　　　　　　　　　　　　　　　　　　　　　2 000
　贷：原材料　　　　　　　　　　　　　　　　　　　　　　　　　　　2 000

更正错误时，应先用红字金额填制一张与上列记账凭证内容完全相同的记账凭证，在凭证的摘要栏内注明"冲销某年某月某日第×号凭证"，并据以用红字金额登记入账，以冲销错账，其会计分录如下：

借：制造费用　　　　　　　　　　　　　　　　　　　　　　　　　（2 000）
　贷：原材料　　　　　　　　　　　　　　　　　　　　　　　　　　（2 000）

说明：括号内的数字表示红字。

然后，再用蓝字金额填制一张正确的记账凭证，在凭证的摘要栏内注明"更正某年某月某日第×号凭证"，并登记入账。其会计分录如下：

借：生产成本　　　　　　　　　　　　　　　　　　　　　　　　　2 000
　贷：原材料　　　　　　　　　　　　　　　　　　　　　　　　　　　2 000

**例 6－2** 将本月发生的制造费用总额 3 000 元转入"生产成本"账户。在填制记账凭证时，应借、应贷科目无错误，只是凭证所填金额大于应填金额，并已登记入账：

借：生产成本　　　　　　　　　　　　　　　　　　　　　　　　　5 000
　贷：制造费用　　　　　　　　　　　　　　　　　　　　　　　　　　5 000

经核对，发现记账凭证所记金额比应记金额多 2 000 元，对于这种情况，只要将多记金额 2 000 元用红字填制一张与原凭证相同会计科目的记账凭证，在凭证的摘要栏内注明"冲销某年某月某日第×号凭证多计金额"，并据以用红字金额登记入账，就可以将多记数冲销，其会计分录如下：

借：生产成本　　　　　　　　　　　　　　　　　　　　　　　　　（2 000）
　贷：制造费用　　　　　　　　　　　　　　　　　　　　　　　　　（2 000）

说明：括号内的数字表示红字。

## （三）补充登记法

### 1. 适用错账类型

记账凭证错误，并已登记入账后，发现记账凭证上只是所填金额小于应填金额，可以用补充登记法更正。

### 2. 更正方法

按照原记账凭证上的会计科目和少记金额，用蓝字金额填制一张记账凭证，在凭证摘要栏注明"更正某年某月某日第×号凭证少记金额"，并登记入账，将少记金额补充登记。

**例 6-3** 计算结转本月产品销售成本 170 000 元。在填制记账凭证时，误将金额 170 000 元记为 110 000 元，并已登记入账：

借：主营业务成本　　　　　　　　　　　　　　　　　　　　　　　　110 000
　　贷：库存商品　　　　　　　　　　　　　　　　　　　　　　　　　　110 000

经核对发现错误后，应先计算出少记金额 60 000 元，然后再以此金额和原记账凭证上的会计科目用蓝字填制一张记账凭证，在凭证摘要栏注明"更正某年某月某日第×号凭证少记数额"，并登记入账。其会计分录如下：

借：主营业务成本　　　　　　　　　　　　　　　　　　　　　　　　　60 000
　　贷：库存商品　　　　　　　　　　　　　　　　　　　　　　　　　　 60 000

## 思考与练习

### 一、复习思考题

记账错误的更正方法有哪几种？各适用什么范围？试举例说明。

### 二、选择题

1. 记账后发现凭证和账簿中所记金额大于应记金额，应借、应贷的科目无错误，一般采用的错账更正方法是（　　）。

　　A. 补充登记法　　B. 划线更正法　　C. 红字更正法　　D. 以上都对

2. 更正错账的方法有（　　）。

　　A. 补充登记法　　B. 红字更正法　　C. 划线更正法　　D. 平行登记法

### 三、实训题

（一）目的：练习错账的更正方法。

（二）资料：大新公司 2024 年 3 月发生如下经济业务。

（1）采购员刘进出差借支差旅费 300 元，以现金支付，作记账凭证如下：

借：管理费用　　　　　　　　　　　　　　　　　　　　　　　　　　　　300
　　贷：库存现金　　　　　　　　　　　　　　　　　　　　　　　　　　　300

此记账凭证尚未入账。

(2) 将现金200元存入银行,作记账凭证如下:

借:银行存款　　　　　　　　　　　　　　　　　　　　　　　　　　　　　　　　　200
　　贷:库存现金　　　　　　　　　　　　　　　　　　　　　　　　　　　　　　　　200

记账时,在银行存款账户的贷方登记200元,并当即发现有误。

(3) 生产车间为组织管理生产耗料1 750元,作记账凭证如下,并已登记入账。

借:生产成本　　　　　　　　　　　　　　　　　　　　　　　　　　　　　　　　1 750
　　贷:原材料　　　　　　　　　　　　　　　　　　　　　　　　　　　　　　　　1 750

(4) 销售产品一批,价款10 000元,增值税额1 300元,货款尚未收到,作记账凭证如下,并已登记入账。

借:应收账款　　　　　　　　　　　　　　　　　　　　　　　　　　　　　　　　17 000
　　贷:主营业务收入　　　　　　　　　　　　　　　　　　　　　　　　　　　　　10 000
　　　　应交税费——应交增值税(销项税额)　　　　　　　　　　　　　　　　　　7 000

(5) 产品生产领用材料5 800元,作记账凭证如下,并登记入账。

借:生产成本　　　　　　　　　　　　　　　　　　　　　　　　　　　　　　　　5 300
　　贷:原材料　　　　　　　　　　　　　　　　　　　　　　　　　　　　　　　　5 300

(三) 要求:对以上各笔经济业务的账务处理进行分析,说明其错误所在,并采用适当的方法予以更正。

## 任务五　熟悉对账和结账方法

### 情景导入

　　大智已经在远大公司工作一年了。每月到了月底,会计刘明都会提醒大智要对账和结账。大智对自己登记的库存现金日记账、银行存款日记账与财务部经理登记的库存现金总账和银行存款总账进行了核对,结果相符,大智感到非常高兴。但是现在到年结了,听会计刘明提起过,年结和月结的要求不一样,那么两者之间到底有什么区别呢?

　　业财一体化下,先进企业平时的财务工作基本上实现了无纸化,会计工作流程做到一次取数、直接生成、多次使用,会计核算工作的效率大大提高。那么业财一体化对企业会计人员提出了什么新要求?

## 一、对账

对账是指会计人员对账簿记录进行核对，以保证账证、账账、账实相符。对账一般在月末、季末、年末结账之前进行。

### （一）对账的内容

对账的内容一般包括以下几个方面。

#### 1. 账证核对

账证核对指各种账簿的记录与记账凭证或原始凭证核对相符。其目的是保证账簿记录与会计凭证记录相符。

> **小提示**
> 
> 账证相符是保证账账相符、账实相符的基础。

#### 2. 账账核对

账账核对指各种账簿之间的有关数据应核对相符。具体内容包括：

（1）总分类账簿中全部账户的借方发生额合计与贷方发生额合计、期末借方余额合计与贷方余额合计分别核对相符。

（2）"库存现金日记账"和"银行存款日记账"的期末余额，应与总分类账中"库存现金"和"银行存款"账户的期末余额核对相符。

（3）总分类账的期末余额，应与其所属的各明细分类账期末余额的合计数核对相符。

（4）会计部门有关财产物资明细账的期末结存数，应与财产物资保管和使用部门相应的保管账的结存数核对相符。

> **想一想**
> 
> 账账核对应从哪几个方面进行？

#### 3. 账实核对

账实核对指将各种财产物资账簿的账面余额与各项财产物资、货币资金等的实存数额核对相符。具体内容包括：

（1）库存现金日记账的账面余额与库存现金实存数核对相符。

（2）银行存款日记账的账面记录与银行对账单核对相符。

（3）财产物资明细账的结存数与财产物资实存数核对相符。

（4）各种应收款项、应付款项的明细分类账的账面余额与往来单位核对相符。

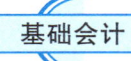

> **小提示**
> 
> 账实核对，一般通过财产清查的方法进行。财产清查将在以后介绍。

### （二）对账的方法

#### 1. 账证核对

核对方法是将账簿记录与记账凭证及所附的原始凭证进行核对，查看其时间、凭证字号、会计科目、业务内容以及数量金额是否相符。一般采用抽查法，倘若发现差错，则要逐步核对，直到查出错误的原因为止。

#### 2. 账账核对

根据账账核对的内容不同可采用不同的核对方法。

（1）总分类账的核对方法，一般是通过编制"总分类账户试算平衡表"进行核对。即通过列示各账户期初、期末余额和本期发生额，查看其借、贷方发生额及余额是否平衡，如核对结果不平，则说明记账有误，应查明更正。

（2）总分类账与库存现金日记账、银行存款日记账之间，可以直接进行核对。

（3）总分类账与所属明细账的核对方法，一般是将总账所属的各明细账户余额的合计数与对应的总账余额相核对。

（4）财产物资明细账与财产物资保管账的核对方法，一般是将明细账的数量直接与保管账的数量相核对。

#### 3. 账实核对

财产物资和库存现金的账实核对必须采取盘点的方法，即通过对各种实物资产（如原材料、在产品、产成品等）进行盘点确认其实存数，然后与账存数核对。如不相符，先调整账存数，然后再进一步查明原因，作出处理。银行存款和往来款项的账实核对，则应采用与银行或往来单位核对账目的方法进行。

> **想一想**
> 
> 对账工作通常是在什么时间进行？

6-9 结账方法与要求

## 二、结账

结账是指会计期末（如月末、季末、年末）会计人员将一定时期内所发生的经济业务全部登记入账，并在此基础上结算出各账户的本期发生额和期末余额的会计核算工作。各单位必须按照会计法的规定定期进行结账。

### (一)结账的内容和程序

(1) 在结账前应先检查本期发生的经济业务是否已经全部登记入账,防止少记、漏记、重记,也不能为赶编报表而提前结账。

(2) 按照权责发生制原则调整和结转有关账项。

> **知识扩展**
>
> 涉及期末账项调整的主要有:有关收入的账项调整主要包括应计收入和预计收入;有关费用的账项调整主要包括应付费用和预付费用;期末的其他账项调整,如计提固定资产折旧、处理财产盘盈、盘亏等。

6-10 结账

(3) 结算本期发生额及期末余额。即在完成上述工作的基础上,结算出库存现金日记账、银行存款日记账以及总分类账和明细分类账各账户的本期发生额和期末余额,并按规定在账簿上办理结账手续。

### (二)结账的一般要求和方法

结账一般可分为月度结账(月结)、季度结账(季结)和年度结账(年结),各期间结账的要求和方法基本一致。按照《会计基础工作规范》要求,一般采用划线结账的方法进行结账。

#### 1. 月结

月末结账是在各账户本月最后一笔业务记录的数字下面,通栏划一条单红线,在红线下面结算出本月发生额和月末余额,并在摘要栏内填写"本月发生额及余额"或"本月合计"字样,月末如无余额,应在"余额方向"栏内写上"平",在"余额"栏内的"元"位置写"θ"符号,然后在数字下面再画一条通栏单红线,表明月度结账完毕。对于需要逐月结算本年累计发生额的账户,在结算本月发生额及月末余额后,应在下一行摘要栏内填写"本年累计发生额"或"本年累计"字样,然后在下面画一条通栏单红线。对本月未发生金额变化的账户,可不进行月结。

#### 2. 季结

季度终了,结算出本季度 3 个月的发生额合计数,写在本季最后 1 个月月结数的下一行内,并在摘要栏内注明"×季度季结"字样,同时在下面画一条通栏单红线以示季结。

#### 3. 年结

年度终了,应在 12 月份月结数字下,结算填列全年 12 个月的发生额合计数,在摘要栏内注明"年度发生额及余额"或"本年累计"字样,并在年结数字下面画通栏双红线,表示"封账"。结账后,根据各账户的年末余额结转下年,并在摘要栏内填写"结转下年"字样。在下一年度新账第一行余额栏内填写上年结转的余额,并在摘要栏内填写"上年结转"字样。

**思考与练习**

复习思考题

1. 什么是对账？其主要内容包括哪些？
2. 什么是结账？结账的方法是怎样的？

## 项目小结

本项目主要内容包括会计账簿的种类、设置和登记方法，错账的更正方法，对账和结账的方法等。其中：账簿的种类、登记方法、错账的更正方法是重点。设置和登记账簿，是会计核算的重要方法。本项目知识点较多，正确地设置和登记账簿，更正错账，对账及结账，是会计人员应具备的基本素质。

6-11 项目六参考答案

# 项目七 财产清查

### 知识目标

1. 认识财产清查的含义和种类；
2. 理解财产物资的盘存制度；
3. 运用财产清查方法对各项财产物资进行清查；
4. 掌握财产清查结果的账务处理。

### 能力目标

1. 能依据财产清查方法对货币资产、实物财产、往来款项进行清查；
2. 能区分未达账项类型,正确编制银行存款余额调节表；
3. 能依据清查内容和结果,进行财产清查的账务处理。

### 素养与思政目标

1. 针对财产清查制度,分组讨论,引导学生工作和做事要严谨、高标准、严要求,培养学生的职业素养；
2. 通过典型企业案例,让学生明晰遵纪守法是会计人员的一项基本职业操守。
3. 搜集保护企业财产安全和完整、防止资产流失等成功案例,理解企业内控制度建设在会计工作、企业管理中的积极作用。

## 任务一  认识财产清查

### 情景导入

到年末了,财务部经理张山给财务部的人员传达了一个消息,就是马上要进行年终决算了,公司将组建一个财产清查小组,对企业进行一次全面清查。大智知道这是一项必须完成的工作任务。那么,公司什么时候进行财产清查,清查的范围和方法有哪些要求?

7-1 财产清查程序

### 一、财产清查的含义

财产清查是通过对各种财产物资的实地盘点以及对各项存款、债权、债务的查核,将一定时点的实存数与账面结存数核对,借以查明账实是否相符的一种会计核算方法。

在实际工作中,由于主客观原因,可能使账簿记录与财产物资的实际结存数不相符,造成账实不符的原因有以下方面:

(1)在收发财产物资时,由于计量、检验不准确而发生品种、数量、质量上的差异。
(2)在财产收发过程中没有填制凭证就登记入账。
(3)在凭证和账簿的记录中,出现漏记、错记或计算上的错误。
(4)在财产的保管过程中发生自然损耗。
(5)由于管理不善或工作人员失职而发生的财产损坏、变质或短缺。
(6)由于贪污、盗窃等造成的财产损失。
(7)发生自然灾害和意外损失。
(8)结算过程中账单未到达或拒付等原因造成企业与其他企业的结算往来上的不符。

### 想一想

有哪些因素会引起财产物资的账面数与实存数不相符?

### 二、财产清查的内容

(1)各种货币资金的清查,主要是库存现金和银行存款。

（2）各种存货的清查，主要是库存的原材料、燃料、周转材料、库存商品、在产品、自制半成品、外购商品等。

（3）各种在建工程、固定资产的清查。主要是机器设备、厂房、办公设备、运输设备及在建工程等。

（4）委托加工或受托加工材料的清查以及租赁的固定资产、周转材料的清查。

（5）各种往来款项的清查，主要是应收、应付、预收、预付。

### 三、财产清查的种类

#### （一）按清查的对象和范围划分

财产清查按清查的对象和范围划分，可分为全面清查和局部清查两种。

1. 全面清查

全面清查就是对所有的财产进行全面盘点和核对。全面清查一般在以下情况进行：

（1）年终决算前要进行一次全面清查，以确保年度会计报表的真实性。

（2）单位撤销、合并、改组或改变隶属关系，要进行一次全面清查，以明确经济责任。

（3）进行清产核资时，要进行全面清查，以摸清家底，准确核定资产。

2. 局部清查

局部清查就是根据需要对一部分财产所进行的清查。它一般在以下情况进行：

（1）对于流动性较大的物资，如存货等，除了年度清查外，年内还要轮流盘点或重点抽查。

（2）对于各种贵重物资，每月应清查盘点一次。

（3）对于现金，应由出纳员每日清点核对。

（4）对于银行存款和银行借款，每月要同银行核对一次。

（5）对于债权、债务，每年至少要核对一次至两次。

#### （二）按清查的时间分

财产清查按清查的时间划分，可分为定期清查和不定期清查两种。

1. 定期清查

定期清查是按照预先计划安排对企业财产所进行的清查。这种清查一般是在年末、季末、月末结账时进行。定期清查可以是全面清查，也可以是局部清查。

2. 不定期清查

不定期清查就是事先并未规定清查时间，而是根据实际需要，所进行的临时性清查。不定期清查主要是在以下几种情况下进行：

（1）更换财产物资和现金保管人员时，要对有关人员所保管的财产物资和现金进行清查，以分清经济责任。

（2）发生自然灾害和意外损失时，要对受损财产进行清查，以查明损失情况。

（3）上级主管、财政、税务、审计和银行等部门，对本单位进行会计检查时，应按检查的要求和范围对财产进行清查，以验证会计资料的可靠性。

（4）进行临时性清产核资时，要对本单位的财产进行清查，以摸清家底。不定期检查，可以是全面清查，也可以是局部清查。

# 思考与练习

一、复习思考题

1. 什么是财产清查？企业为什么要进行财产清查？
2. 企业财产清查应包括哪些内容？
3. 财产清查的种类有哪些？

二、判断题

1. 财产清查就是对各项实物财产的清查核对工作。　　　　　　　　（　）
2. 从财产清查的对象和范围看，年终决算前对企业财产物资所进行的清查一般属于全面清查。　　　　　　　　　　　　　　　　　　　　　　　　　　　　（　）

三、单项选择题

1. 定期清查适用于（　　）。
   A. 更换现金出纳人员　　　　　　B. 发生非常损失
   C. 年终结算前　　　　　　　　　D. 企业合并
2. 财产清查的目的是达到（　　）。
   A. 账账相符　　　　　　　　　　B. 账证相符
   C. 账实相符　　　　　　　　　　D. 账表相符

四、多项选择题

1. 财产清查按清查的范围不同可分为（　　）。
   A. 定期清查　　　　　　　　　　B. 不定期清查
   C. 全面清查　　　　　　　　　　D. 局部清查
2. 下列情况中，应该对财产进行不定期清查的有（　　）。
   A. 财产保管人员变动　　　　　　B. 年终结账
   C. 发现财产被盗　　　　　　　　D. 与其他企业合并

## 任务二　熟悉财产清查的方法

### 情景导入

年末财产清查终于如期进行了，先要对库存现金进行清查。大智不知道这一次的现金清查，会出现什么情况？如果出现问题该怎么办？然后要对银行存款进行清查，

（续上）

公司让会计刘明执行,那么刘明具体会怎么做呢？如果银行存款日记账与银行送来的对账单不相符,说明出纳大智的工作失误了吗？大智在想,往来账项的清查该如何进行？存在坏账、呆账和悬账公司该如何解决？

## 一、财产物资的盘存制度

财产物资的盘存制度有永续盘存制和实地盘存制两种。

### （一）永续盘存制

永续盘存制又称账面盘存制,是指企业对各项财产物资的增减变动,在有关账簿中进行连续登记并随时结出账面结存数额的方法。可用公式表示如下：

$$期末账面结存数额 = 期初余额 + 本期增加额 - 本期减少额$$

永续盘存制核算手续严密,能够及时反映财产物资的增减变动和结存情况,而且数据准确。在一般情况下,企业应采用永续盘存制。由于实际工作中可能发生账实不符的情况很多,因此,即使采用永续盘存制,也需要对各项财产进行清查,以确保账实相符。

> **想一想**
>
> 采用永续盘存制的企业到年底还要对财产物资进行盘点吗？

### （二）实地盘存制

实地盘存制是指企业对各项财产物资的增减变动,平时在账簿中只登记财产物资的增加数,不登记减少数,月末把实地盘点所取得的实存数,作为账面结存数,然后再用倒挤法求出本期减少数,并据以登记账簿的方法。可用公式表示如下：

$$本期减少数 = 期初结存余额 + 本期增加额 - 期末实地盘点数$$

实地盘存制核算工作比较简单,但核算手续不严,不能及时反映财产物资的减少变动和结存情况,所确定耗用数额也不够准确,对管理中存在的问题不易发现,因此,通常只适用于数量较多、变动频繁、平时难以计算耗费数量的物资。

> **想一想**
>
> 如果采用实地盘存制核算财产物资,期末实地盘点的数据就成为明细账中登记减少数额的唯一依据,对吗？

7-2 财产物资盘存制度

> **小提示**
>
> 无论采用哪种盘存制度,对财产物资都必须定期或不定期进行清查盘点。

## 二、财产清查的方法

由于财产物资种类繁多,对实物、货币资金、结算款项等应采取不同的方式进行清查。

### (一)货币资产的清查

#### 1. 库存现金的清查

库存现金的清查是采用实地盘点的方法来确定库存现金的实存数,然后以实存数与"库存现金日记账"的账面余额进行核对,以查明账实是否相符。盘点时,出纳人员必须在场,如果发现盘盈或盘亏,必须当场核实数额。

对现金清查,还应当注意有无违反现金管理制度的现象,不允许以借条、收据充抵现金。盘点结束后,应根据盘点结果,编制"库存现金盘点报告表",并由盘点人员和出纳人员签章。其格式如表7-1所示。

表7-1 现金盘点报告表

单位名称:　　　　　盘点日期:　年　月　日　　　　　编号:

| 实存金额 | 账存金额 | 对比结果 ||  处理意见 |
|---|---|---|---|---|
| | | 盘 盈 | 盘 亏 | |
| | | | | |

主管签章:　　　　　　　盘点人签章:　　　　　　　出纳员签章:

#### 2. 银行存款的清查

银行存款的清查是采用定期与开户银行核对账目的方式进行的。在同银行核对账目之前,应先详细检查本单位银行存款日记账,然后根据银行送来的对账单逐笔核对。

在双方记账没有错误的情况下,银行对账单上的存款余额与本单位银行存款日记账上的存款余额,有时仍会出现不一致的情况,这是未达账项造成的。

所谓未达账项,是指由于双方记账时间不一致而发生的一方已入账,另一方尚未入账的事项。就企业与银行之间的未达账项来说,一般有以下四种情况:

(1)企业送存银行的款项,企业已记账,并作为银行存款的增加,而开户银行尚未办妥手续,未记入企业存款户。

(2)企业开出支票从银行存款中付出款项,企业已经记账,并作为银行存款的减少,但银行尚未付款和记账。

(3)企业委托银行代收的款项或银行支付给企业的存款利息,银行已作企业存款增加记入存款户,但企业尚未收到通知,未登记入账作增加。

(4)银行代企业支付的款项在支付后,已作企业存款的减少,并记入存款户,但企业尚未接到银行通知,未登记入账作减少。

为了消除未达账项的影响,企业应根据未达账项,编制银行存款余额调节表,据以调节双方的账面余额。下面举例说明银行存款余额调节表的编制方法。

**例 7-1** 某企业 2024 年 6 月末,银行存款日记账余额为 4 200 元,而银行对账单的余额为 6 000 元,经双方核对查明,是由于下列未达账项原因所致。

(1)企业于 6 月 29 日从其他单位收到转账支票一张计 2 000 元,企业已作为存款的增加,银行尚未入账。

(2)企业于 6 月 29 日开出转账支票支付货款 2 900 元,企业已作存款减少,收款单位尚未到银行办理转账。

(3)银行于 6 月 30 日收到某公司汇给企业的销货款 2 000 元,银行已作为企业存款的增加,企业尚未收到通知。

(4)银行于 6 月 30 日计算并划转借款利息 1 100 元,企业尚未收到付款通知。

根据上述未达账项,企业编制银行存款余额调节表,如表 7-2 所示。

**表 7-2 银行存款余额调节表**

2024 年 6 月 30 日　　　　　　　　　　　　　　　　　　单位:元

| 项　　目 | 金　　额 | 项　　目 | 金　　额 |
| --- | --- | --- | --- |
| 企业银行存款账面余额 | 4 200 | 银行对账单存款余额 | 6 000 |
| 加:银行已收、企业未收的款项 | 2 000 | 加:企业已收、银行未收的款项 | 2 000 |
| 减:银行已付、企业未付的款项 | 1 100 | 减:企业已付、银行未付的款项 | 2 900 |
| 调节后的存款余额 | 5 100 | 调节后的存款余额 | 5 100 |

7-7 编制银行存款余额调节表

> **小提示**
>
> 调节账面余额并不作为更改账簿记录的依据,对于银行已入账而本单位尚未入账的未达账项不作账务处理,而是在收到银行的收付款通知后方可入账。

### (二)实物财产的清查

实物财产的清查是指对固定资产、各种存货等财产物资的清查,常用以下几种。

#### 1. 实地盘点法

实地盘点法是对于被清查的实物,采用点数、过秤计量等方法来确定其实存数量的一种方法。在盘点时,首先要查明每种实物的名称、规格,然后再盘点数量。这种方法应用广,为大多数实物的清查采用。

#### 2. 技术推算法

技术推算法是对财产物资不是逐一清点计数,而是通过量方、计尺等技术来推算财产物资的结存数量。这种方法只适用大量成堆难以逐一清点的财产物资的清查,如露天堆放的煤、砂石等。

为了明确经济责任,在进行盘点时,实物保管人员必须在场,并参加盘点。对于盘点结果,应将数量和质量情况,如实登记在"盘存单"上,并由盘点人员和实物保管人员签章。

为了查明实存数与账存数是否一致,确定盘盈或盘亏情况,应根据"盘存单"和有关账簿的记录,编制实存账存对比表。在实际工作中,实存账存对比表只填列账实不符的财产物资。"实存账存对比表"主要是反映盘盈、盘亏情况,所以又称为盘盈盘亏报告表。实存账存对比表的一般格式如表7-3所示。

表 7-3 实存账存对比表

(盘盈盘亏报告表)

单位名称:　　　　财产类别:　　　　编表日期:　年　月　日　　　　　　编号:

| 编号 | 类别名称 | 计量单位 | 单价 | 实存 ||  账存 || 对比结果 |||| 处理意见 |
|---|---|---|---|---|---|---|---|---|---|---|---|---|
| | | | | | | | | 盘盈 || 盘亏 || |
| | | | | 数量 | 金额 | 数量 | 金额 | 数量 | 金额 | 数量 | 金额 | |
| | | | | | | | | | | | | |
| | | | | | | | | | | | | |
| | | | | | | | | | | | | |
| | | | | | | | | | | | | |

对于委托外单位加工、保管的材料、商品、物资以及在用的材料、商品、物资等,可以用询证的方法与有关单位进行核对,以查明账实是否相符。

(三) 往来结算款项的清查

各种往来结算款项的清查,一般采用与对方单位核对账目的方法。

在清查过程中,首先,应检查本单位各项往来款项账簿记录的正确性;其次,由于往来款项既有与外单位发生的,也有对本单位内部各部门和职工个人发生的,应根据实际采用不同的方法进行查核。

1. 外部往来款项的清查

应编制往来款项对账单,送交对方单位进行核对。对账单应按明细账逐笔抄列,一式两联,其中一联作为回单,对方单位如核对相符,应在回单上盖章后退回。如发现数字不符,应将不符情况在回单上注明或另制对账单退回,作为进一步核对的依据。在核对过程中,如发现未达账项,双方都应采用调节账面余额的办法,核对往来账项是否相符。

2. 内部往来款项的清查

对于内部各部门的应收、应付款项,可以确定时间定期由各部门财产清查人员和会计人员直接根据账簿记录核对。一般不需要再编制对账单和调节表。但对有关部门保管的定额备用金,应当同库存现金一样采取实地盘点办法进行清查。对于职工的各种代垫代付款项通常可以采取抄列清单与本人核对或者用定期公布的办法加以核对。

对往来款项的清查,最后应根据清查结果编制"往来款项清查报告表"。

## 思考与练习

一、复习思考题

1. 财产物资盘存制度的种类有哪些?
2. 什么叫未达账项?未达账项有哪几种情况?

二、判断题

1. 库存现金、银行存款同属于货币资金,清查时应采用实地盘点法。（   ）
2. 在永续盘存制下,由于对财产的每一笔增减业务都要在账簿中逐笔登记,因此无需定期对各项财产物资进行清查。（   ）
3. 银行存款余额调节表在编制平衡后,说明银行存款日记账登记无误,并可据此将未达账项补记入账。（   ）
4. 月末如果银行存款日记账余额与银行对账单余额出现不一致,一定是记账有错误。（   ）

三、单项选择题

1. 对应收应付款项的清查主要采用(    )。
   A. 实地盘点法　　　　　　　　B. 技术推算法
   C. 评估确认　　　　　　　　　D. 查询核对法
2. 银行存款的清查,主要是将(    )进行核对。
   A. 银行存款日记账与总账　　　B. 银行存款日记账与记账凭证
   C. 银行存款日记账与银行对账单　D. 银行存款日记账与原始凭证

四、多项选择题

1. 与外单位核对账目的方法适用于(    )。
   A. 现金的清查　　　　　　　　B. 银行存款的清查
   C. 往来款项的清查　　　　　　D. 材料的清查
2. 对银行存款的清查应根据(    )进行。
   A. 银行存款实有数　　　　　　B. "银行存款"总分类账
   C. 银行存款日记账　　　　　　D. 银行对账单
3. 对原材料、产成品盘点后应编制(    )。
   A. 实存账存对比表　　　　　　B. 盘点表
   C. 余额调节表　　　　　　　　D. 对账单

五、实训题

(一)目的:练习银行存款余额调节表的编制。

（二）资料：大新公司 2024 年 9 月 30 日"银行存款日记账"余额为 75 600 元，"银行对账单"余额为 74 690 元。双方账面记录均无差错。经逐笔核对，查明有下列几笔未达账项。

（1）9 月 30 日，企业开出转账支票 25 000 元购买原材料，供货单位尚未到银行办理转账结算；

（2）9 月 30 日，企业售出产品一批，收到转账支票 72 950 元，当即交存银行，但银行没在当天入账；

（3）9 月 30 日，企业委托银行代收取货款 48 500 元；银行已收妥入账，但企业还未收到入账通知，未入账；

（4）9 月 30 日，银行代企业支付本月电话费 1 460 元，企业尚未接到有关付款结算凭证。

（三）要求：根据上述资料编制银行存款余额调节表。

## 任务三　掌握财产清查的账务处理

### 情景导入

财务部经理张山通知大智协助清查小组进行存货的清查。首先对库存原材料进行清查，面对堆积如山的几种不同规格型号的原材料，大智他们该怎么办？如果出现原材料库存数与原材料明细账记录数量不符的情况，又该如何处理？

### 一、财产清查的处理程序

在财产清查中对发现的盘盈、盘亏和毁损等，必须按规定的程序上报审批后才能处理，应分两步进行：

第一，审批前，应根据有关"实存账存对比表"等原始凭证中列明的财产盘盈、盘亏和毁损的数字，编制记账凭证，并据以过入有关账簿，使各项财产的账存数与实存数保持一致。

第二，经审批后，再根据产生差异的原因和批复意见，编制记账凭证，并据以登记有关账簿。

### 二、财产清查的账务处理

#### （一）账户设置

设置"待处理财产损溢"账户。该账户属于暂记账户，核算企业在清查财产中查明的各种财产物资的盘盈、盘亏和毁损。该账户借方反映发生的待处理财产盘亏、毁损额或结转已批准处理的财产盘盈数；贷方反映发生的待处理财产盘盈数或转销已批准处理的财产物资盘亏和毁损数额；月末，如为借方金额，表示尚未处理的各种财产的净损失，如为贷方余额，则表示尚未处理的各种财产物资的净溢余。该账户下应设置"待处理流动资产损溢"和"待处理非流动资产损溢"两个明细账户，进行明细分类核算。

## （二）财产清查结果的账务处理

### 1. 现金长、短款的处理

应将现金的长、短款转入"待处理财产损溢"账户，查明原因后，分别情况处理：属于责任人、保险公司赔偿的短款记入"其他应收款"账户；非常损失的短款记入"营业外支出"账户；无法查明原因的短款按规定程序批准后记入"管理费用"账户；属于少付、多收的溢余款记入"其他应付款"账户，无法查明原因的溢余款按规定程序批准后记入"营业外收入"账户。

**例 7 - 2**　远大公司在清查中发现库存现金短款 11.70 元。

（1）根据"库存现金盘点表"，编制会计分录如下：

借：待处理财产损溢——待处理流动资产损溢　　　　　　　　　　　　　11.70
　　贷：库存现金　　　　　　　　　　　　　　　　　　　　　　　　　　11.70

（2）经查，短款为出纳人员工作疏忽造成的，应由其负责赔偿。编制会计分录如下：

借：其他应收款——×××　　　　　　　　　　　　　　　　　　　　　11.70
　　贷：待处理财产损溢——待处理流动资产损溢　　　　　　　　　　　　11.70

如果上述款项是由于非常损失（火灾、盗窃）造成的，经报批核销时，编制会计分录如下：

借：营业外支出　　　　　　　　　　　　　　　　　　　　　　　　　　11.70
　　贷：待处理财产损溢——待处理流动资产损溢　　　　　　　　　　　　11.70

**例 7 - 3**　远大公司在清查中，发现库存现金长款 20 元。

编制会计分录如下：

借：库存现金　　　　　　　　　　　　　　　　　　　　　　　　　　　20
　　贷：待处理财产损溢——待处理流动资产损溢　　　　　　　　　　　　20

如无法查明原因，经批准后，编制会计分录如下：

借：待处理财产损溢——待处理流动资产损溢　　　　　　　　　　　　　20
　　贷：营业外收入　　　　　　　　　　　　　　　　　　　　　　　　　20

### 2. 存货清查结果的处理

当发现原材料、半成品、库存商品等流动资产盘盈时，应根据"实存账存对比表"将盘盈流动资产项目的价值记入"原材料""生产成本""库存商品"等账户的借方，同时记入"待处理财产损溢——待处理流动资产损溢"账户的贷方；报经批准处理后，冲减管理费用，记入"管理费用"账户的贷方。

**例 7 - 4**　远大公司在财产清查中发现多余甲材料 10 千克，该材料单价 70 元。上述情况企业已报请领导批准,会计部门应根据"实存账存对比表"编制如下会计分录并记账。

  借:原材料                            700
    贷:待处理财产损溢——待处理流动资产损溢           700

  领导批准后,按批准意见,编制如下会计分录并记账。

  借:待处理财产损溢——待处理流动资产损溢           700
    贷:管理费用                            700

  对于流动资产的盘亏和损毁,应在发现当时记入"待处理财产损溢——待处理流动资产损溢"账户的借方,同时记入"原材料""生产成本""库存商品"等账户的贷方;待领导批准处理后,再根据不同的盘亏和毁损原因作出不同的处理。

  (1)能够收取的残料记入"原材料"账户的借方。

  (2)能够收取责任人、保险公司的赔款记入"其他应收款"账户的借方。

  (3)盘亏和毁损总额扣除以上几部分后的净损失,若属非常损失,记入"营业外支出"账户的借方,若属一般经营损失,记入"管理费用"账户的借方,同时,按盘亏和毁损总额记入"待处理财产损溢——待处理流动资产损溢"账户的贷方。

**例 7-5** 远大公司在进行材料清查时,发现丙材料短缺1件,毁损50件,丙材料单位成本60元。经估计,丙材料毁损部分收得残料共计1 000元。经调查,短缺丙材料系由保管员责任所致,毁损丙材料系水灾所致。

  当发现上述材料盘亏和毁损时,编制会计分录如下:

  借:待处理财产损溢——待处理流动资产损溢         3 060
    贷:原材料                           3 060

  将上述调查处理意见报经领导批准后,编制会计分录如下:

  借:原材料——废料                      1 000
     其他应收款——保管员                 60
     营业外支出                       2 000
    贷:待处理财产损溢——待处理流动资产损溢        3 060

### 3. 固定资产清查结果的处理

  当发现固定资产盘盈时,应根据"实存账存对比表",按同类或类似固定资产的市场价值减去按该项资产的新旧程度估计的价值损耗后的余额,借记"固定资产"账户,贷记"以前年度损益调整"账户。

**例 7-6** 远大公司在财产清查中发现账外设备一台,其原始价值10 000元,约有六成新。企业已将上述情况报请领导批准。

  会计部门根据"实存账存对比表"资料,编制会计分录如下:

  借:固定资产                          6 000
    贷:以前年度损益调整                   6 000

当发现固定资产盘亏和毁损时,应及时办理固定资产的注销手续,报经批准后,应按盘亏的固定资产原值扣除累计折旧和过失人及保险公司赔款后的差额记入"营业外支出"账户。

**例 7-7** 远大公司在财产清查中,发现短少设备一台,原始价值为 20 000 元,已提折旧 7 000 元。企业已将上述情况报请领导批准。

盘亏固定资产时,编制如下会计分录并记账。

借:待处理财产损溢——待处理非流动资产损溢　　　　　　　　　　13 000
　　累计折旧　　　　　　　　　　　　　　　　　　　　　　　　　7 000
　　贷:固定资产　　　　　　　　　　　　　　　　　　　　　　　　20 000

领导批复后,作如下会计分录并记账。

借:营业外支出——固定资产盘亏　　　　　　　　　　　　　　　13 000
　　贷:待处理财产损溢——待处理非流动资产损溢　　　　　　　　13 000

### 想一想

如果财产清查后经查明是由过失人造成的毁损,应由过失人赔偿 1 万元,如何作会计分录?

### 思考与练习

**一、复习思考题**

对财产清查的结果应如何处理?

**二、单项选择题**

1. 对清查中已查明责任的盘亏财产物资,凡因企业经营管理不善造成损失的,应计入(　　)。

    A. 管理费用　　　　　　　　　　B. 营业外支出
    C. 其他应收款　　　　　　　　　D. 制造成本

2. 对财产清查中发现的财产物资的盘亏,若属于定额内的自然损耗,应按规定转作(　　)。

    A. 管理费用　　　　　　　　　　B. 营业外支出
    C. 生产成本　　　　　　　　　　D. 其他应收款

**三、实训题**

(一)目的:练习财产清查结果的处理。

(二)资料:大新公司 2024 年 11 月末进行财产清查,发现以下账实不符情况。

161

(1) 盘亏设备 1 台，其原值 15 000 元，已提折旧 13 000 元；
(2) 盘盈 A 材料 60 千克，该材料每千克单价为 15 元；
(3) 盘亏 B 材料 1 000 千克，该材料每千克单价 8 元；
(4) 盘盈电动机 1 台，原值 1 000 元，估计已提折旧 600 元；
(5) 盘亏 C 材料 100 千克，每千克 4 元；
(6) 上述 B 材料盘亏系自然灾害造成，经批准转销；
(7) 上述盘盈 A 材料系计量不准造成，经批准冲减管理费用；
(8) 上述盘亏 C 材料为保管员责任，应由其赔偿 50%，其余转作管理费用处理。
（三）要求：根据上述经济业务编制相应会计分录。

## 项目小结

本项目主要包括财产清查的种类、两种盘存制度、财产清查的内容、方法和财产清查结果的账务处理等内容。其中，财产清查的方法和对清查结果的账务处理是重点。财产清查是会计核算的重要方法之一，也是会计人员应当具备的基本技能。

7-8 项目七参考答案

# 项目八　财务会计报告

### 知识目标

1. 了解财务会计报告的含义及意义；
2. 熟悉财务报表的含义、种类、结构；
3. 初步掌握资产负债表的编制方法；
4. 初步掌握利润表的编制方法。

### 能力目标

1. 能依据财务报表编制方法和要求，正确编制企业财务报表；
2. 能根据总账账户和明细分类账户的期末余额直接或分析计算填列资产负债表；
3. 能根据损益类账户的发生额正确填列利润表。

### 素养与思政目标

1. 通过财务报表编制，能帮助学生树立职业道德的自律意识，坚持诚信做人，正确处理各方面的利益关系，提升职业能力，提高个人素养。
2. 了解大数据、财务共享服务、人工智能技术在数据生产和应用中所引发的变革，结合具体案例，理解"发展新质生产力是推动高质量发展的内在要求和重要着力点"这一论述。
3. 回顾我国数字经济的发展历程，搜集企业典型案例，探讨我国在工业互联网和数字经济上取得领先优势的具体原因，理解科技进步和产业变革背后的体制机制优势。

## 任务一　认识财务会计报告

### 情景导入

对于远大公司来说，一年来发生了各种各样的经济业务，具体涵盖了资金筹集、材料采购、产品生产、产品销售以及财务成果形成和利润分配业务类型。财务部的相关会计人员填制和审核了所有经济业务的原始凭证，大智依据原始凭证和审核无误的记账凭证登记生成了日记账，刘明依据审核无误的原始凭证编制生成了记账凭证，经理张山也审核了所有的记账凭证。三位财务人员分别登记好各自管理的账簿后，又配合公司完成了年度财产清查。现在，到了会计工作流程的最后一步——生成财务会计报告。那么，公司应编制哪些财务会计报告？有哪些基本要求？

### 一、财务会计报告的含义

财务会计报告是指企业对外提供的反映企业某一特定日期的财务状况和某一会计期间的经营成果、现金流量等会计信息的文件。它是企业根据日常的会计核算资料归集、加工和汇总后形成的，是企业会计核算的最终成果。

企业财务会计报告的编制必须符合《企业财务会计报告条例》的规定。

### 知识扩展

企业财务会计报告由财务报表和其他应当在财务报表中披露的相关信息和资料组成。

财务会计报告包括财务报表和财务报表附注。财务报表附注是指对财务报表中所列示项目进行文字描述或者明细反映，以及对一些未能在财务报表中列示的项目的说明等。

### 二、财务报表的种类

#### （一）按所反映的经济内容分

按所反映的经济内容分，财务报表可分为资产负债表、利润表、现金流量表和所有者权益（或股东权益）变动表。

资产负债表是反映企业在某一特定日期财务状况的报表，由资产、负债、所有者权益项目组成,是一种静态报表。

利润表是反映企业在某一会计期间经营成果的报表,由收入、费用、利润项目组成,是一种动态报表。

现金流量表是反映企业一定会计期间现金和现金等价物流入、流出和现金净流量情况的报表,是一种动态报表。

所有者权益(或股东权益)变动表是反映企业在某一特定日期所有者权益(或股东权益)增减变动情况的报表,是一种动态报表。

### (二) 按编制时间分

按编制时间分,财务报表可以分为年度财务报表和中期财务报表。

(1) 年度财务报表,是在年度终了后,按会计年度编制和报送,以反映企业年度终了时的财务状况和全年经营成果的报表。

(2) 中期财务报表是在年度中期(如月度、季度、半年度)时编制,用于反映企业会计年度中期的财务状况和经营成果的报表。

### (三) 按编制单位和编报范围分

按编制单位和编报范围分,财务报表可分为个别财务报表和合并财务报表。

(1) 个别财务报表是企业在自身会计核算的基础上编制的报表。

(2) 合并财务报表是集团公司在母公司和子公司的单位报表的基础上编制的报表。

### (四) 按编制用途分

按编制用途分,财务报表可分为对外报表和内部报表。

(1) 对外报表是单位按照统一规定必须对外提供的报表,主要包括资产负债表、利润表和现金流量表。

(2) 内部报表是单位根据自身需要编制的供内部使用的报表。它一般没有统一的格式、编制要求等。

> **想一想**
>
> 企业对外报送的财务报表主要有哪几种?通过财务报表分类的学习,你能说出它们是属于静态报表,还是属于动态报表吗?

## 三、财务报表的作用

(1) 企业内部的管理人员通过财务报表可以了解单位生产经营、财务收支、成本费用等各项指标的完成情况,有助于加强和改善经营管理。

(2) 企业的投资者和债权人利用财务报表,可以了解企业的财务状况、经营成果,有助于投资者、债权人分析企业的获利能力、偿债能力,正确进行投资、贷款决策。

(3) 企业的主管部门和财政、税务和银行等部门利用单位上报的财务报表,可以检查企业计划任务的完成情况及遵守财政、信贷和结算纪律的情况,为宏观管理提供重要的经济信息。

### 四、编制财务报表的基本要求

财务报表编制和报送必须做到数字真实、计算准确、内容完整、报送及时。

#### 1. 数字真实

数字真实要求财务报表的指标数字必须真实可靠,如实地反映财务和经营成果,不得以计划数或估计数代替实际数,更不能伪造数字,编造不真实的会计报表。

#### 2. 计算准确

计算准确要求财务报表的指标数字必须按规定进行计算,做到准确无误。不得随意改变计算方法或任意估算数字。

#### 3. 内容完整

内容完整要求编制的财务报表,其种类和内容必须完整。会计制度规定应编报的报表,都应编制齐全,不得漏编;各种报表上规定填列的项目,不论是表内项目还是补充资料,都应填列齐全,不得漏填。

#### 4. 报送及时

报送及时要求财务报表必须在规定的期限内及时上报。

## 思考与练习

一、复习思考题

1. 什么是财务会计报告?编制财务会计报告有哪些要求?
2. 财务会计报告的种类有哪些?

二、判断题

1. 财务报表按反映的经济内容分类,分为主要财务报表和附属财务报表。　　(　　)
2. 资产负债表是属于动态报表。　　(　　)
3. 为了及时编制财务报表,企业可以提前结账。　　(　　)

三、选择题

1. 下列项目中,属于静态报表的是(　　)。
   A. 资产负债表　　B. 现金流量表　　C. 利润表　　D. 利润分配表
2. 财务报表的编制必须做到(　　)。
   A. 数字真实　　B. 计算准确　　C. 内容完整　　D. 编报及时
3. 财务报表的使用者有(　　)。
   A. 投资者　　　　　　　　　　　　B. 债权人
   C. 上级主管部门和国家管理机关　　D. 企业内部管理人员
4. 财务报表按其反映的经济内容分类,分为反映(　　)的报表。
   A. 财务状况　　B. 经营成果　　C. 财务状况变动情况　　D. 内部经营管理

## 任务二　掌握资产负债表的编制

### 情景导入

企业信息使用者主要是通过财务会计报告来了解企业的财务状况、经营成果等相关信息的,并依据这些信息作出管理决策。那么这些信息使用者对公司编制的财务报表,如资产负债表有哪些要求呢?资产负债表能提供哪些会计信息?月报和年报有什么不同?

### 一、资产负债表的含义

资产负债表是反映企业在某一特定日期财务状况的财务报表。它是以"资产=负债+所有者权益"的平衡关系为依据编制的。任何企业都必须按时编制资产负债表。

8-3 资产负债表原理和填制方法

### 二、资产负债表的作用

通过资产负债表,有关方面可以了解以下情况:

(1) 经营者可以分析企业资源的构成和分布情况。
(2) 投资者和债权人可以了解企业的获利能力和偿债能力。
(3) 可以了解所有者权益的构成情况。
(4) 可以了解企业资金结构的变化情况,预测企业未来的财务发展趋势。

### 三、资产负债表的格式

我国现行会计制度规定,资产负债表的格式采用账户式结构。

账户式资产负债表的结构是左右结构,左边列示资产项目,右边列示负债和所有者权益项目。左边资产项目分为流动资产、长期股权投资、固定资产、无形资产及其他资产等大类。资产负债表右边负债和所有者权益项目分为流动负债、非流动负债、所有者权益等大类。账户式资产负债表的格式(简化格式)如表 8-1 所示。

表 8-1　资产负债表

会企01表

编制单位:　　　　　　　　　　　年　月　日　　　　　　　　　　　单位:元

| 资　产 | 期末余额 | 年初余额 | 负债和所有者权益 | 期末余额 | 年初余额 |
|---|---|---|---|---|---|
| 流动资产:<br>　货币资金 | | | 流动负债:<br>　短期借款 | | |

（续表）

| 资　　产 | 期末余额 | 年初余额 | 负债和所有者权益 | 期末余额 | 年初余额 |
|---|---|---|---|---|---|
| 交易性金融资产 |  |  | 应付票据 |  |  |
| 应收票据 |  |  | 应付账款 |  |  |
| 应收账款 |  |  | 预收账款 |  |  |
| 预付账款 |  |  | 其他应付款 |  |  |
| 应收股利 |  |  | 应付职工薪酬 |  |  |
| 应收利息 |  |  | 应交税费 |  |  |
| 其他应收款 |  |  | 应付股利 |  |  |
| 存货 |  |  | 应付利息 |  |  |
| 其他流动资产 |  |  | 其他流动负债 |  |  |
| 　流动资产合计 |  |  | 　流动负债合计 |  |  |
| 非流动资产： |  |  | 非流动负债： |  |  |
| 长期股权投资 |  |  | 长期借款 |  |  |
| 固定资产 |  |  | 应付债券 |  |  |
| 在建工程 |  |  | 其他非流动负债 |  |  |
| 工程物资 |  |  | 　非流动负债合计 |  |  |
| 固定资产清理 |  |  | 所有者权益： |  |  |
| 无形资产 |  |  | 实收资本 |  |  |
| 商誉 |  |  | 资本公积 |  |  |
| 长期待摊费用 |  |  | 盈余公积 |  |  |
| 其他非流动资产 |  |  | 未分配利润 |  |  |
| 　非流动资产合计 |  |  | 　所有者权益合计 |  |  |
| 资产总计 |  |  | 负债和所有者权益总计 |  |  |

**想一想**

资产负债表项目是按什么顺序排列的？

### 四、资产负债表的编制

#### （一）年初数的填列

资产负债表"年初余额"栏内各项数字，应根据上年年末资产负债表"期末余额"栏内所列数字填列。如果本年度资产负债表规定的各个项目的名称和内容同上年度不相一致，应对上年年末资产负债表各项目的名称和数字按照本年度的规定进行调整，填入本表"年初余额"栏内。

#### （二）期末数的填列

资产负债表"期末余额"栏内的各项数字，应以总分类账或有关明细分类账的期末余额为依据填列。具体填列方法如下。

### 1. 直接填列法

直接根据总分类账的期末余额填列。在资产负债表中，大多数项目都可以直接填列，如应收票据、应收股利、应收利息等。

### 2. 总账余额加计填列法

可根据有关总账科目的期末余额进行相加合计之后填列。例如，"货币资金"项目可根据"库存现金""银行存款""其他货币资金"账户的期末余额相加之后的合计数填列。

### 3. 总账余额减计填列法

可根据有关总账科目的期末余额减去其备抵账户后的净额填列。例如，"应收账款"项目可根据"应收账款"账户的期末余额减去"坏账准备"账户的余额后的净额填列等。

### 4. 明细账户余额计算填列法

可根据相关的明细账期末余额分析计算填列。例如，"应付账款"项目可根据"应付账款"和"预收账款"所属的明细账的期末贷方余额计算填列。

### 5. 总账账户和明细账账户余额计算填列

可根据总账账户和明细账账户的关系分析计算后填列。例如，"长期借款"可根据该账户余额扣除其所属明细账账户中将在1年内到期且企业不能自主地将清偿义务展期的长期借款后的金额计算填列。

### 6. 综合填列法

可综合运用以上五种方法分析计算填列。例如，"存货"可根据"材料采购""在途物资""原材料""库存商品""周转材料""发出商品"等总账期末余额分析计算后的总数，再减去"存货跌价准备"余额后的净额填列。

关于资产负债表编制这里只作简要的介绍，要很好地理解和掌握资产负债表的编制方法。

8-4 往来款项填列

8-5 存货项目填列

8-6 固定资产项目填列

## 思考与练习

### 一、复习思考题

1. 什么是资产负债表？资产负债表有何作用？
2. 资产负债表的项目是如何排列的？

### 二、判断题

1. 资产负债表是反映企业在某一特定期间财务状况的报表。（    ）
2. 资产负债表的格式有单步式和多步式。（    ）
3. 在编制资产负债表时，按平衡原理，流动资产应等于流动负债。（    ）
4. 资产负债表是一张动态报表。（    ）

### 三、单项选择题

1. 资产负债表的"存货"项目，应根据（    ）的期末余额填列。

A. 银行存款　　　　　　　　　　B. 长期借款

C. 固定资产　　　　　　　　　　D. 原材料、生产成本

2. 下列资产负债表项目中，可根据总账余额直接填列的是（　　）。

A. 货币资金　　　B. 存货　　　C. 短期借款　　　D. 未分配利润

### 四、实训题

（一）目的：练习编制资产负债表。

（二）资料：大新公司2024年3月31日各分类账户余额如下：

| 账户名称 | 借方余额(元) | 账户名称 | 贷方余额(元) |
| --- | --- | --- | --- |
| 库存现金 | 1 000 | 短期借款 | 100 000 |
| 银行存款 | 72 800 | 应付票据 | 46 000 |
| 应收股利 | 200 000 | 应付账款 | 45 000 |
| 应收票据 | 72 000 | 应交税费 | 24 531 |
| 应收账款 | 60 000 | 应付职工薪酬 | 2 960 |
| 原材料 | 267 000 | 应付股利 | 35 000 |
| 其他应收款 | 8 000 | 应付利息 | 500 |
| 库存商品 | 43 430 | 实收资本 | 1 738 098 |
| 生产成本 | 100 000 | 资本公积 | 100 000 |
| 固定资产 | 1 240 000 | 盈余公积 | 14 000 |
| 无形资产 | 100 000 | 本年利润 | 9 070 |
| 累计折旧 | 19 140 | 利润分配 | 29 931 |

（三）要求：根据上列总分类账户余额资料，编制大新公司2024年3月31日的资产负债表。

## 任务三　掌握利润表的编制

### 情景导入

资产负债表编制完成后，就要编制利润表了。企业一定会计期间的经营成果既可能表现为盈利，也可能表现为亏损，因此利润表又称为损益表。它全面揭示了企业在某一特定时期实现的各种收入、发生的各项费用、成本或支出，以及企业实现的利润或发生的亏损情况。营业利润、利润总额、净利润、税后利润等构成财务成果形成的过程，这么多的"利润"有什么联系和区别？利润表编制的依据是什么？应该怎样填列呢？

## 一、利润表的含义

利润表是反映企业在一定会计期间经营成果的报表。它以"收入－费用＝利润"的平衡关系为依据编制的。任何企业都必须编制利润表。

## 二、利润表的作用

通过利润表可以做到：
（1）评价和考核企业的经营业绩。
（2）分析和评价企业的经营成果和获利能力。
（3）分析和预测企业未来的现金流量。
（4）分析企业利润增减变化（或亏损发生）的原因，从而促使企业采取相应的措施和对策，提高企业的经济效益。

## 三、利润表的基本结构

利润表的内容包括营业收入、营业利润、利润总额和净利润等几个部分。具体如下：
（1）营业收入：由主营业务收入和其他业务收入组成；
（2）营业利润：营业收入减去营业成本（主营业务成本、其他业务成本）、税金及附加、销售费用、管理费用、财务费用，加上投资收益，即为营业利润；
（3）利润总额：营业利润加上营业外收入，减去营业外支出，即为利润总额；
（4）净利润：利润总额减去所得税费用，即为净利润。

利润表的一般格式如表8-2所示。

表8-2 利润表

会企02表

编制单位： 年 月 单位：元

| 项　　目 | 本期金额 | 上期金额 |
| --- | --- | --- |
| 一、营业收入 | | |
| 　减：营业成本 | | |
| 　　税金及附加 | | |
| 　　销售费用 | | |
| 　　管理费用 | | |
| 　　财务费用 | | |
| 　　资产减值损失 | | |
| 　加：公益价值变动收益（损失以"－"号填列） | | |
| 　　投资收益（损失以"－"号填列） | | |
| 二、营业利润（亏损以"－"号填列） | | |

(续表)

| 项　　目 | 本期金额 | 上期金额 |
|---|---|---|
| 加：营业外收入 | | |
| 减：营业外支出 | | |
| 其中：非流动资产处置损失 | | |
| 三、利润总额（亏损以"－"号填列） | | |
| 减：所得税费用 | | |
| 四、净利润（净亏损以"－"号填列） | | |

**想一想**

利润表的项目是怎样排列的？

### 四、利润表的编制

#### （一）"本期金额"的填列方法

"本期金额"栏反映的是各个项目的实际发生额，可根据损益类账户的发生额分析计算填列。

#### （二）"上期金额"的填列方法

"上期金额"可根据上年该期利润表"本期金额"栏的数字填列。如果上年和本期利润表项目不一致，应对上年利润表项目的名称和数字按本期的规定进行调整后填入"上期金额"栏中。

8-8 增强企业社会责任

## 思考与练习

一、复习思考题

1. 什么是利润表？利润表有何作用？
2. 利润表的结构如何？

二、判断题

1. 利润表编制基础的平衡公式是：收入－费用＝利润。　　　　　　　　　　（　　）
2. 利润表能反映出企业的偿债能力和支付能力。　　　　　　　　　　　　　（　　）

三、选择题

1. 利润表是反映企业在一定期间内（　　）的报表。
   A. 财务状况和盈利能力　　　　　　　　B. 经营成果情况
   C. 营业利润、利润总额、利润分配　　　D. 营业收入、营业利润、利润分配

2. 利润表是属于( )。

  A. 静态报表         B. 动态报表

  C. 反映一定期间经营成果的报表   D. 反映财务状况的报表

四、实训题

（一）目的：练习编制利润表。

（二）资料：大新公司2024年3月份有关总分类账户的本期发生额资料如下。

| 主营业务收入 | 132 500 元 | 财务费用 | 480 元 |
| 主营业务成本 | 94 500 元 | 销售费用 | 1 500 元 |
| 税金及附加 | 570 元 | 管理费用 | 7 500 元 |
| 营业外收入 | 7 350 元 | 营业外支出 | 1 400 元 |
| 所得税费用 | 11 187 元 | | |

（三）要求：根据上列总分类账户资料，编制大新公司2024年3月份的利润表。

# 项目小结

本项目主要包括财务会计报告的含义、内容，财务报表的含义、种类和基本结构，资产负债表及利润表的内容、基本结构和编制方法等内容。财务会计报告是企业提供会计信息的主要形式，也是会计核算方法之一。本项目内容多、比较抽象，对于初学者来说，不必逐项理解掌握每种报表相关项目的具体编制方法，而是应该掌握不同种类报表的含义、用途，在报表编制方法方面，个别掌握一些具有代表性的方法即可。

# 模块四

## 综合提升

# 项目九　账务处理程序和会计档案管理

### 知识目标

1. 了解账务处理程序的含义、基本程序和种类；
2. 掌握记账凭证账务处理程序的核算步骤；
3. 掌握科目汇总表账务处理程序的核算步骤；
4. 运用记账凭证账务处理程序处理经济业务；
5. 运用科目汇总表账务处理程序处理经济业务；
6. 了解会计档案管理办法。

### 能力目标

1. 能依据记账凭证账务处理程序、科目汇总表账务处理程序要求的方法和步骤进行会计处理；
2. 能依据企业的业务性质和特点，根据管理的需要，选择合适的账务处理程序；
3. 能依据会计基础工作规范及相关要求，对会计档案进行归档和保管。

### 素养与思政目标

1. 组织企业调研，了解企业会计实务中采用的具体账务处理程序，进行交流分享，从而培养学生爱岗敬业的职业精神、认真严谨的工作作风、勤于实践的行为方式；
2. 咨询行业企业管理人员，了解企业档案管理中的创新做法和先进经验，促使学生牢记会计岗位职责、职业使命、职业准则，帮助树立正确的职业观、价值观。

## 任务一　认识账务处理程序

### 情景导入

在远大公司上班已经一年了,大智跟随财务部经理张山和会计刘明,参与了企业财务工作的整个核算流程。从填制和审核会计凭证,到登记账簿,最终编制财务报表,在这个过程中,会计人员采用专门方法和程序,对公司一个年度内发生的经济业务进行完整、连续、系统的核算和监督。在观摩财务部经理张山所记的总账时,大智留意到公司登记总账采用的是科目汇总表。张山告诉大智,公司采用的是科目汇总表账务处理程序。那么,企业的账务处理程序有哪些种类可以选择?选择的依据是什么?

### 一、账务处理程序的含义

账务处理程序也称会计核算的组织形式或程序,是指账簿组织、记账程序和记账方法相互结合的方式。

### 知识扩展

账簿组织是指账簿的种类、格式和各种账簿之间的相互关系。

记账程序是指从审核和填制凭证开始,经过登记账簿到编制财务报表的一系列工作程序。

记账方法是指会计人员借助账簿记录经济业务的具体方法。

一个单位的性质、规模和业务繁易程度决定其适用的账务处理程序,不同的账务处理程序又具有不同的方法、特点和适用范围。

### 二、账务处理的基本程序

一般账务处理程序是通过填制会计凭证、登记会计账簿,对经济业务进行归类、加工、汇总进而形成系统、分类的账簿核算资料;通过编制财务报表,将日常核算的账簿资料按照预先确定的指标体系汇总,再向会计信息使用者提供会计信息。

在各种账务处理程序中,填制会计凭证、登记账簿、编制财务报表是账务处理程序中三个基本环节。

账务处理程序的基本过程如下：

（1）接受并审核原始凭证，并据以填制记账凭证。

（2）根据审核过的记账凭证及原始凭证或原始凭证汇总表登记相关日记账、明细账和总账。

（3）定期将总账与其所属明细账进行核对，以保证会计数据的正确。

（4）月末根据经济业务发生情况调整应计账项并计算成本和损益。

（5）在月末将本期所有经济业务处理完毕，进行结账，并编制财务报表。

### 三、账务处理程序的种类

目前，我国采用的账务处理程序归纳起来主要有：

（1）记账凭证账务处理程序。

（2）科目汇总表账务处理程序。

（3）汇总记账凭证账务处理程序。

（4）日记总账账务处理程序。

（5）多栏式日记账账务处理程序。

> **小提示**
>
> 以上五种账务处理程序既有共同点，又各有特点。其中，记账凭证财务处理程序是最基本的一种，其他各种账务处理程序都是在这种账务处理程序的基础上发展而形成的。其区别主要表现在登记总账的依据和方法不同。

本项目主要介绍记账凭证账务处理程序和科目汇总表账务处理程序。

## 思考与练习

一、复习思考题

会计账务处理的程序有几种？其基本程序有哪些？

二、判断题

1. 各企业的业务性质、规模大小、业务繁简程度各有不同，所以它们所采用的账务处理程序也就有所不同。（　　）

2. 同一个企业可以同时采用几种不同的账务处理程序。（　　）

3. 各种账务处理程序的不同之处在于登记明细账的方法不同。（　　）

三、单项选择题

1. 下列会计账务处理程序中，最基本的程序是（　　）。

　　A. 汇总记账凭证账务处理程序

　　B. 科目汇总表账务处理程序

C. 记账凭证账务处理程序

D. 多栏式日记账账务处理程序

2. 不同会计账务处理程序的区别主要体现在其（　　）的依据和方法不同。

A. 登记库存现金日记账和银行存款日记账　B. 登记明细分类账

C. 登记总分类账　　　　　　　　　　　　D. 编制记账凭证

### 四、多项选择题

1. 我国经济单位采用的会计账务处理程序一般有（　　）。

A. 日记总账账务处理程序

B. 记账凭证账务处理程序

C. 分散核算程序

D. 集中核算程序

E. 科目汇总表账务处理程序

2. 会计账务处理程序是指（　　）相互结合的方式。

A. 会计凭证　　　　　　　　　　　B. 会计账簿

C. 财务报表　　　　　　　　　　　D. 账务处理程序

E. 会计科目

## 任务二　掌握记账凭证账务处理程序

### 情景导入

在学校里，大智学过账务处理程序有好几种，其中记账凭证账务处理程序是最基本的一种。那么这种程序有什么特点？哪些企业会采用这种程序？

### 一、记账凭证账务处理程序的特点及核算要求

记账凭证账务处理程序是指直接根据记账凭证，逐笔登记总分类账的一种账务处理程序。它包括凭证编制、账簿登记、编制报表三个基本方面。

核算要求是：记账凭证可以采用通用记账凭证的格式，也可采用收款凭证、付款凭证和转账凭证专用记账凭证格式。账簿需要设置库存现金日记账、银行存款日记账、明细分类账和总分类账，其中库存现金日记账、银行存款日记账和总分类账一般采用三栏式，明细分类账一般多采用三栏式、多栏式和数量金额式的账簿格式。采用记账凭证账务处理程序的企业可设置资产负债表、利润表和现金流量表等外部报表，同时可根据企业实际需要设置管理费用明细表、生产成本明细表等内部报表。

## 二、记账凭证账务处理程序的核算步骤

记账凭证账务处理程序的核算步骤如下：

（1）根据原始凭证或汇总原始凭证编制记账凭证。

（2）根据审核无误的收款凭证、付款凭证及有关原始凭证逐笔登记库存现金日记账和银行存款日记账。

（3）根据记账凭证和原始凭证、汇总原始凭证，逐笔登记各种明细分类账。

（4）根据记账凭证逐笔登记总分类账。

（5）月末，库存现金日记账、银行存款日记账和各明细分类账的余额同有关总分类账的余额核对相符。

（6）月末，根据总分类账和明细分类账的记录，编制财务报表。

> **想一想**
>
> 记账凭证账务处理程序中总账是根据什么登记的？

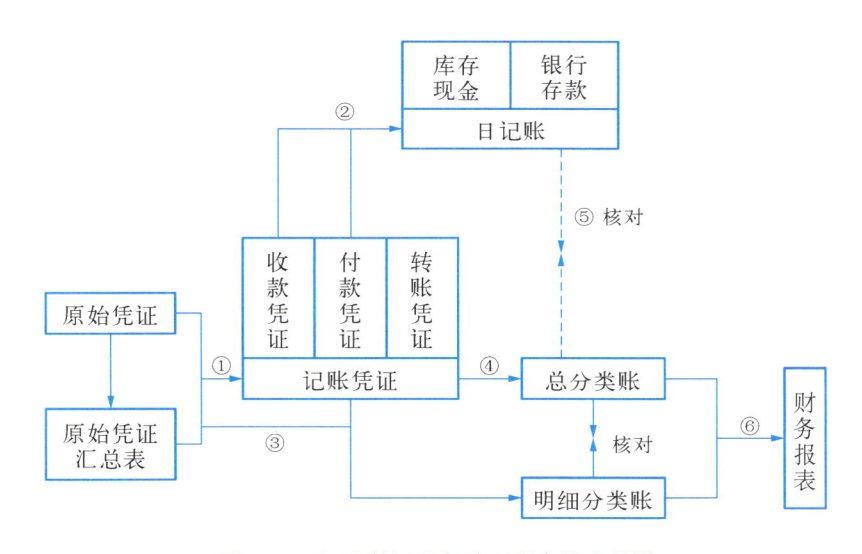

记账凭证账务处理程序的流程图如图9-1所示。

图9-1 记账凭证账务处理程序的流程图

## 三、记账凭证账务处理程序的优缺点及适用范围

记账凭证账务处理程序的优点是：由于根据记账凭证直接登记总分类账，总分类账中能够较详细地反映经济业务的发生情况，直观、简化，因而容易理解，便于掌握。其缺点是：当经济业务量较大时，会增加登记总账的工作量，也不便于会计分工。因而这种程序一般适

用于规模较小、业务量较少、凭证不多的单位。

## 思考与练习

一、复习思考题

1. 记账凭证账务处理程序的特点是什么？
2. 记账凭证账务处理程序的核算步骤有哪些？其优缺点是什么？

二、判断题

1. 记账凭证账务处理程序适用于规模大、业务较多的单位。（    ）
2. 记账凭证账务处理程序的缺点是登记总账的工作量较大。（    ）

三、单项选择题

1. 根据记账凭证逐笔登记总账的会计账务处理程序是(　　)。
   A. 记账凭证账务处理程序　　　　　　B. 汇总记账凭证账务处理程序
   C. 科目汇总表账务处理程序　　　　　D. 多栏式日记账账务处理程序
2. 记账凭证账务处理程序的适用范围是(　　)。
   A. 规模小、业务量少的单位　　　　　B. 规模大、业务量少的单位
   C. 规模小、业务量多的单位　　　　　D. 规模大、业务量多的单位
3. 记账凭证账务处理程序的优点是(　　)。
   A. 能通过账户对应关系了解经济业务的来龙去脉
   B. 减少了登记总账的工作量　　　　　C. 有利于会计工作的分工
   D. 编制汇总记账凭证工作量小　　　　E. 汇总转账凭证按贷方科目设置

## 任务三　理解科目汇总表账务处理程序

### 情景导入

远大公司采用的是科目汇总表账务处理程序，那么是不是所有的企业都是依据科目汇总表登记总账的呢？科目汇总表账务处理程序有哪些优点？企业应如何编制科目汇总表？

### 一、科目汇总表账务处理程序的特点及核算要求

科目汇总表账务处理程序的主要特点是定期编制科目汇总表，并据以登记总分类账。采用这种账务处理程序，对凭证和账簿的要求及记账程序与记账凭证账务处理程序基

本相同。记账凭证一般选择收款凭证、付款凭证和转账凭证。

科目汇总表的编制方法是将一定时期内的全部收、付、转记账凭证汇总在一张科目汇总表上,据以登记总分类账。汇总的时间应根据单位业务量的大小确定,一般可以 5 天、10 天或 15 天汇总一次。科目汇总表可以每汇总一次编制一张,也可以按旬汇总一次,每月编制一张。这两种格式分别如表 9-1、表 9-2 所示。

表 9-1　科目汇总表(格式一)

年　月　日至　日　　　　　　　　　　　　　　　　第　号

| 会计科目 | 账 页 | 本期发生额 |  | 备 注 |
|---|---|---|---|---|
|  |  | 借　方 | 贷　方 |  |
|  |  |  |  |  |
| 合　计 |  |  |  |  |

表 9-2　科目汇总表(格式二)

年　月　日至　日　　　　　　　　　　　　　　　　第　号

| 会计科目 | 账页 | 1日至10日 || 11日至20日 || 21日至30日 || 合　计 ||
|---|---|---|---|---|---|---|---|---|---|
|  |  | 借方 | 贷方 | 借方 | 贷方 | 借方 | 贷方 | 借方 | 贷方 |
|  |  |  |  |  |  |  |  |  |  |
| 合　计 |  |  |  |  |  |  |  |  |  |

### 知识扩展

科目汇总表的具体编制方法是:首先把一定时期内全部记账凭证按照相同的科目归类(可借助于 T 形账户作为工作底稿);其次计算每一个会计科目的本期借方发生额和本期贷方发生额合计数;最后将各科目的本期借方、贷方发生额合计数填入科目汇总表相关栏内并分别计算出所有会计科目的借方、贷方发生额合计数,进行试算平衡。

### 二、科目汇总表账务处理程序的核算步骤

(1) 根据原始凭证或汇总原始凭证编制收款凭证、付款凭证和转账凭证。
(2) 根据收款凭证、付款凭证逐笔登记库存现金日记账和银行存款日记账。
(3) 根据原始凭证、汇总原始凭证和各种记账凭证,登记各种明细分类账。

(4) 根据各种记账凭证定期汇总编制科目汇总表。

(5) 根据科目汇总表定期登记总分类账。

(6) 月末,库存现金日记账、银行存款日记账和明细分类账的余额同有关总分类账的余额核对相符。

(7) 月末,根据总分类账和明细分类账的有关核算资料编制会计报表。

**想一想**

科目汇总表账务处理程序中总账是根据什么登记的?

科目汇总表账务处理程序的流程图如图9-2所示。

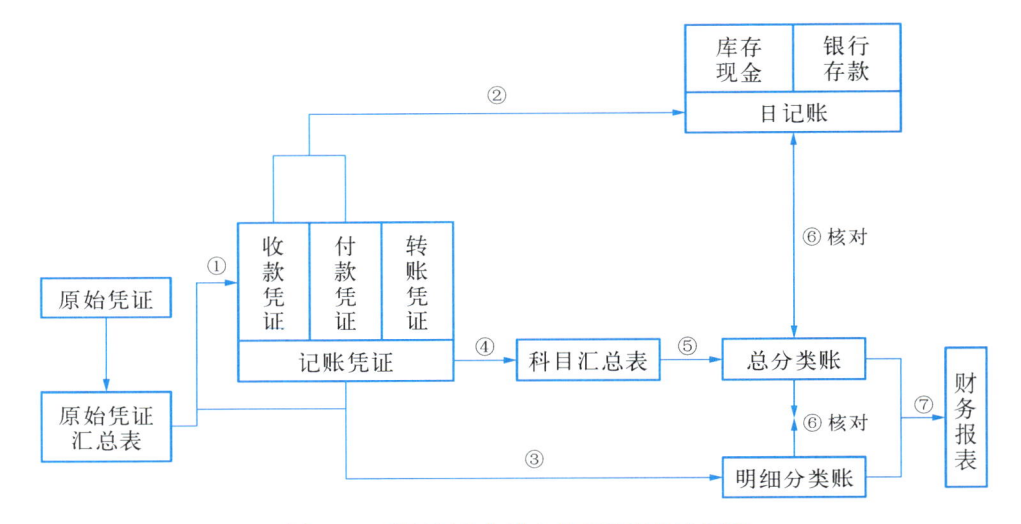

图9-2 科目汇总表账务处理程序的流程图

### 三、科目汇总表账务处理程序的优缺点及适用范围

科目汇总表账务处理程序的优点是:大大简化了总分类账的登记工作,并且还可以定期就科目汇总表进行试算平衡,便于及时发现问题,采取措施。其缺点是:科目汇总表及其登记的总账反映不出账户的对应关系,不便于了解经济业务的来龙去脉及具体内容。因而这种程序一般适用于经济业务频繁的单位。

**思考与练习**

一、复习思考题

1. 科目汇总表账务处理程序的特点是什么?
2. 科目汇总表账务处理程序的核算步骤有哪些?其优缺点是什么?

二、单项选择题

1. 科目汇总表是直接根据（　　）汇总编制的。
   A. 原始凭证　　　　　　　　　　　　B. 汇总原始凭证
   C. 记账凭证　　　　　　　　　　　　D. 汇总记账凭证
2. 科目汇总表汇总的是（　　）。
   A. 部分科目的借、贷方余额　　　　　B. 部分科目的借、贷方发生额
   C. 全部科目的借、贷方余额　　　　　D. 全部科目的借、贷方发生额
3. 科目汇总表账务处理程序的特点是（　　）。
   A. 根据一定时期内的全部记账凭证汇总编制汇总记账凭证
   B. 根据一定时期内的全部记账凭证汇总编制科目汇总表
   C. 根据汇总记账凭证登记总账
   D. 根据科目汇总表登记总账
   E. 根据科目汇总表登记明细账

## 任务四　账务处理程序实训

### 情景导入

大智在学校里曾经完成了智能财税共享实训、业财融合实践、会计综合仿真、企业经营管理沙盘等平台会计核算业务的学习，上班后经过一年来一个会计核算流程的实践，体会颇多，收获满满。在账务处理程序实训中，他将带领新同学再实践，把学到的理论知识运用到实训中。

这里仅以科目汇总表账务处理程序的主要会计业务举例说明。

一、资料

（一）账务处理程序

远大公司采用科目汇总表账务处理程序进行会计核算，2024年12月1日总分类账和有关明细分类账余额如表9-3所示。

表9-3　总分类账及有关明细分类账余额表

| 会 计 科 目 | 总分类科目 ||  明细分类科目 ||
|---|---|---|---|---|
|  | 借方余额 | 贷方余额 | 借方余额 | 贷方余额 |
| 库存现金 | 1 000 | | | |

(续表)

| 会计科目 | 总分类科目 借方余额 | 总分类科目 贷方余额 | 明细分类科目 借方余额 | 明细分类科目 贷方余额 |
| --- | --- | --- | --- | --- |
| 银行存款 | 126 000 | | | |
| 应收账款 | 2 000 | | | |
| ——大华公司 | | | 3 000 | |
| ——长春工厂 | | | | 1 000 |
| 原材料 | 44 000 | | | |
| ——甲材料 | | | 20 000 | |
| ——乙材料 | | | 24 000 | |
| 生产成本 | 6 000 | | | |
| ——A产品 | | | 2 000 | |
| ——B产品 | | | 4 000 | |
| 其他应收款 | 1 000 | | | |
| 库存商品 | 10 000 | | | |
| ——A产品 | | | 4 000 | |
| ——B产品 | | | 6 000 | |
| 固定资产 | 180 000 | | | |
| 累计折旧 | | 30 000 | | |
| 应付股利 | | 5 000 | | |
| 应交税费 | | 56 000 | | |
| 实收资本 | | 263 000 | | |
| 本年利润 | | 80 000 | | |
| 利润分配 | 64 000 | | | |
| 合计 | 434 000 | 434 000 | | |

**(二)经济业务事项**

远大公司2024年12月份发生下列经济业务：

(1) 2日,购入甲材料1 000千克,单价20元,计20 000元。增值税税率为13%,货款已由银行支付(银付字1号),材料已验收入库。

(2) 4日,购入乙材料8 000千克,单价10元,计80 000元。增值税税率为13%,货款已由银行支付(银付字2号),材料已验收入库。

(3) 10日,根据"发料凭证汇总表"的记录,各部门领用的材料如表9-4所示(转字1号)。

### 表9-4 发出材料汇总表

2024年12月1日至10日　　　　　　　　　　　　　　　　　　　　金额单位：元

| 用　　途 | 甲材料 数量/千克 | 甲材料 金　额 | 乙材料 数量/千克 | 乙材料 金　额 | 金额合计 |
| --- | --- | --- | --- | --- | --- |
| 生产产品耗用 | 1 200 | 24 000 | 8 000 | 80 000 | 104 000 |
| 其中：A产品 | 500 | 10 000 | 3 000 | 30 000 | 40 000 |
| 　　　B产品 | 700 | 14 000 | 5 000 | 50 000 | 64 000 |
| 车间一般耗用 | 100 | 2 000 | 1 500 | 15 000 | 17 000 |
| 行政管理部门耗用 | 200 | 4 000 | 500 | 5 000 | 9 000 |
| 合　　计 | 1 500 | 30 000 | 10 000 | 100 000 | 130 000 |

(4) 10日，售出A产品20台，每台售价4 000元，售出B产品30台，每台售价5 000元，增值税税率13%，价税款共计259 900元，已收到并存入银行(银收字1号)。

(5) 12日，从银行提取现金60 000元，备发工资(银付字3号)。

(6) 12日，以现金60 000元支付本月工资(现付字1号)。

(7) 15日，售出A产品5台给长春工厂，每台售价4 000元，增值税税率13%，价税款共计22 600元，货款尚未收到(转字2号)。

(8) 15日，以现金200元支付售出A产品运费(现付字2号)。

(9) 18日，以银行存款支付本月水电费10 000元和增值税进项税额1 300元(银付字4号)。其中：生产A产品耗用3 000元；生产B产品耗用5 000元；车间照明耗用500元；行政部门耗用1 500元。

(10) 20日，售出B产品10台给大华公司，单价5 000元，增值税税率13%，价税款共计56 500元，货款尚未收到(转字3号)。

(11) 22日，以银行存款1 060元支付行政管理部门办公费(银付字5号)。

(12) 23日，收到大华公司通过银行转来的前欠货款59 500元(银收字2号)。

(13) 23日，以银行存款支付广告费1 300元(银付字6号)。

(14) 25日，以现金440元支付生产车间电话费(现付3号)。

(15) 25日，以银行存款4 068元支付购1台电脑款3 600元和增值税进项税额468元(银付字7号)。

(16) 29日，从银行取得短期借款50 000元，存入银行(银收字3号)。

(17) 31日，根据"工资费用分配表"及"职工福利费计算表"，结算分配应付工资及应付福利费(转字4号、转字5号)。其中：生产A产品工人工资20 000元，B产品工人工资30 000元；车间管理人员工资4 000元；行政管理人员工资6 000元。据历史经验，按职工工资总额的14%提取职工福利费。

(18) 31日，计提本月固定资产折旧费8 000元。其中：生产车间用固定资产计提折旧6 000元，行政管理部门用固定资产计提折旧2 000元(转字6号)。

（19）31日，职工李明交回私用办公电话的长途话费60元，收到现金（现收字1号）。

（20）31日，用银行存款支付本月固定资产保险费4 000元。其中：生产车间3 000元，行政管理部门1 000元（银付字8号）。

（21）31日，用银行存款购买办公用品费1 660元。其中：生产车间应负担500元，行政管理部门应负担1 160元（银付字9号）。

（22）31日，根据"制造费用汇总表"，计算本月共发生的制造费用总额为32 000元，予以结转。其中：A产品负担14 200元，B产品负担17 800元（转字7号）。

（23）31日，本月完工A产品35台，总成本为80 500元，已验收入库；完工B产品40台，总成本为120 000元，已验收入库。予以结转产成品账户（转字8号）。

（24）31日，本月售出A产品25台，单位成本为2 300元；售出B产品40台，单位成本为3 000元，结转A、B产品的销售成本（转字9号）。

（25）31日，计提本月应交城市维护建设税1 696.24元（转字10号）。

（26）31日，将本月产品销售收入300 000元转入"本年利润"账户的贷方（转字11号）。

（27）31日，将本月产品销售成本177 500元转入"本年利润"账户的借方（转字12号）。

（28）31日，将本月发生的销售费用1 500元转入"本年利润"账户的借方（转字13号）。

（29）31日，将本月发生的销售税金1 696.24元转入"本年利润"账户的借方（转字14号）。

（30）31日，将本月发生的管理费用22 500元转入"本年利润"账户的借方（转字15号）。

（31）31日，计算并结转本月应纳所得税24 200.94元（转字16号）。

（32）31日，将本月计提的所得税24 200.94元转入"本年利润"账户的借方（转字17号）。

（33）31日，将本年实现的净利润152 602.82元[80 000（前11个月）+72 602.82]转入利润分配（转字18号）。

（34）31日，计算出本月计提盈余公积15 260.28元（转字19号）。

（35）31日，转账支付应交税费56 000元（银付字10号）。

## 二、根据有关资料编制记账凭证

根据以上资料的原始凭证，填制收款凭证、付款凭证和转账凭证。格式及内容如表9-5至表9-40所示。

表9-5 付款凭证

贷方科目：银行存款　　　　　　2024年12月2日　　　　　　银付字1号

| 摘　　要 | 借方科目 | 明　细　科　目 | 金　　额 |
| --- | --- | --- | --- |
| 购入甲材料 | 原材料<br>应交税费 | 甲材料<br>应交增值税（进项税额） | 20 000<br>2 600 |
| 合　　计 |  |  | 22 600 |

### 表 9-6 付款凭证

贷方科目：银行存款　　　　　　　2024 年 12 月 4 日　　　　　　　　　银付字 2 号

| 摘　要 | 借方科目 | 明细科目 | 金　额 |
|---|---|---|---|
| 购入乙材料 | 原材料<br>应交税费 | 乙材料<br>应交增值税（进项税额） | 80 000<br>10 400 |
| 合　计 |  |  | 90 400 |

### 表 9-7 转账凭证

2024 年 12 月 10 日　　　　　　　　　　　　　　　　　　　　　　　　转字 1 号

| 摘　要 | 会计科目 | 明细科目 | 借方金额 | 贷方金额 |
|---|---|---|---|---|
| 发出材料 | 生产成本<br><br>制造费用<br>管理费用<br>原材料<br>原材料 | A 产品<br>B 产品<br><br><br>甲材料<br>乙材料 | 40 000<br>64 000<br>17 000<br>9 000 | <br><br><br><br>30 000<br>100 000 |
| 合　计 |  |  | 130 000 | 130 000 |

### 表 9-8 收款凭证

借方科目：银行存款　　　　　　　2024 年 12 月 10 日　　　　　　　　银收字 1 号

| 摘　要 | 贷方科目 | 明细科目 | 金　额 |
|---|---|---|---|
| 销售产品 | 主营业务收入<br>主营业务收入<br>应交税费 | A 产品<br>B 产品<br>应交增值税（销项税额） | 80 000<br>150 000<br>29 900 |
| 合　计 |  |  | 259 900 |

### 表 9-9 付款凭证

贷方科目：银行存款　　　　　　　2024 年 12 月 12 日　　　　　　　　银付字 3 号

| 摘　要 | 借方科目 | 明细科目 | 金　额 |
|---|---|---|---|
| 从银行提取现金 | 库存现金 |  | 60 000 |
| 合　计 |  |  | 60 000 |

### 表 9-10 付款凭证

贷方科目：库存现金　　　　　　　2024 年 12 月 12 日　　　　　　　　现付字 1 号

| 摘　要 | 借方科目 | 明细科目 | 金　额 |
|---|---|---|---|
| 支付本月工资 | 应付职工薪酬 | 工　资 | 60 000 |
| 合　计 |  |  | 60 000 |

### 表 9-11  转 账 凭 证

2024 年 12 月 15 日　　　　　　　　　　　　　　　　　　　转字 2 号

| 摘　　要 | 会计科目 | 明细科目 | 借方金额 | 贷方金额 |
|---|---|---|---|---|
| 销售 A 产品 | 应收账款<br>主营业务收入<br>应交税费 | 长春工厂<br>A 产品<br>应交增值税<br>（销项税额） | 22 600 | 20 000<br>2 600 |
| 合　　计 | | | 22 600 | 22 600 |

### 表 9-12  付 款 凭 证

贷方科目：库存现金　　　　　2024 年 12 月 15 日　　　　　　　现付字 2 号

| 摘　　要 | 借 方 科 目 | 明 细 科 目 | 金　　额 |
|---|---|---|---|
| 支付 A 产品运费 | 销售费用 | 运杂费 | 200 |
| 合　　计 | | | 200 |

### 表 9-13  付 款 凭 证

贷方科目：银行存款　　　　　2024 年 12 月 18 日　　　　　　　银付字 4 号

| 摘　　要 | 借 方 科 目 | 明 细 科 目 | 金　　额 |
|---|---|---|---|
| 支付本月水电费 | 生产成本<br>生产成本<br>制造费用<br>管理费用<br>应交税费 | A 产品<br>B 产品<br><br><br>应交增值税（进项税额） | 3 000<br>5 000<br>500<br>1 500<br>1 300 |
| 合　　计 | | | 11 300 |

### 表 9-14  转 账 凭 证

2024 年 12 月 20 日　　　　　　　　　　　　　　　　　　　转字 3 号

| 摘　　要 | 会计科目 | 明细科目 | 借方金额 | 贷方金额 |
|---|---|---|---|---|
| 销售 B 产品 | 应收账款<br>主营业务收入<br>应交税费 | 大华公司<br>B 产品<br>应交增值税（销项税额） | 56 500 | 50 000<br>6 500 |
| 合　　计 | | | 56 500 | 56 500 |

### 表 9-15  付 款 凭 证

贷方科目：银行存款　　　　　2024 年 12 月 22 日　　　　　　　银付字 5 号

| 摘　　要 | 借 方 科 目 | 明 细 科 目 | 金　　额 |
|---|---|---|---|
| 支付行政部门办公费 | 管理费用 | 办公费 | 1 060 |
| 合　　计 | | | 1 060 |

### 表 9-16　收　款　凭　证

借方科目：银行存款　　　　　　2024 年 12 月 23 日　　　　　　银收字 2 号

| 摘　　要 | 贷方科目 | 明细科目 | 金　　额 |
|---|---|---|---|
| 大华公司偿还货款 | 应收账款 | 大华公司 | 59 500 |
| 合　　计 |  |  | 59 500 |

### 表 9-17　付　款　凭　证

贷方科目：银行存款　　　　　　2024 年 12 月 23 日　　　　　　银付字 6 号

| 摘　　要 | 借方科目 | 明细科目 | 金　　额 |
|---|---|---|---|
| 支付产品广告费 | 销售费用 | 广告费 | 1 300 |
| 合　　计 |  |  | 1 300 |

### 表 9-18　付　款　凭　证

贷方科目：库存现金　　　　　　2024 年 12 月 25 日　　　　　　现付字 3 号

| 摘　　要 | 借方科目 | 明细科目 | 金　　额 |
|---|---|---|---|
| 支付车间电话费 | 制造费用 | 电话费 | 440 |
| 合　　计 |  |  | 440 |

### 表 9-19　付　款　凭　证

贷方科目：银行存款　　　　　　2024 年 12 月 25 日　　　　　　银付字 7 号

| 摘　　要 | 借方科目 | 明细科目 | 金　　额 |
|---|---|---|---|
| 购电脑 1 台 | 固定资产<br>应交税费 | 电脑<br>应交增值税（进项税额） | 3 600<br>468 |
| 合　　计 |  |  | 4 068 |

### 表 9-20　收　款　凭　证

借方科目：银行存款　　　　　　2024 年 12 月 29 日　　　　　　银收字 3 号

| 摘　　要 | 贷方科目 | 明细科目 | 金　　额 |
|---|---|---|---|
| 从银行借入短期借款 | 短期借款 |  | 50 000 |
| 合　　计 |  |  | 50 000 |

### 表 9-21 转账凭证

2024 年 12 月 31 日　　　　　　　　　　　　　　　　　　　　转字 4 号

| 摘　要 | 会计科目 | 明细科目 | 借方金额 | 贷方金额 |
|---|---|---|---|---|
| 分配本月工资 | 生产成本<br>生产成本<br>制造费用<br>管理费用<br>应付工资薪酬 | A 产品<br>B 产品<br><br><br>工资 | 20 000<br>30 000<br>4 000<br>6 000 | 60 000 |
| 合　计 | | | 60 000 | 60 000 |

### 表 9-22 转账凭证

2024 年 12 月 31 日　　　　　　　　　　　　　　　　　　　　转字 5 号

| 摘　要 | 会计科目 | 明细科目 | 借方金额 | 贷方金额 |
|---|---|---|---|---|
| 按工资总额 14%<br>提取福利费 | 生产成本<br>生产成本<br>制造费用<br>管理费用<br>应付职工薪酬 | A 产品<br>B 产品<br><br><br>职工福利 | 2 800<br>4 200<br>560<br>840 | 8 400 |
| 合　计 | | | 8 400 | 8 400 |

### 表 9-23 转账凭证

2024 年 12 月 31 日　　　　　　　　　　　　　　　　　　　　转字 6 号

| 摘　要 | 会计科目 | 明细科目 | 借方金额 | 贷方金额 |
|---|---|---|---|---|
| 计提本月折旧 | 制造费用<br>管理费用<br>累计折旧 | <br><br>折旧费 | 6 000<br>2 000 | 8 000 |
| 合　计 | | | 8 000 | 8 000 |

### 表 9-24 收款凭证

借方科目：库存现金　　　　2024 年 12 月 31 日　　　　　　　　现收字 1 号

| 摘　要 | 贷方科目 | 明细科目 | 金　额 |
|---|---|---|---|
| 李明交回电话费 | 管理费用 | | 60 |
| 合　计 | | | 60 |

### 表 9-25 付款凭证

贷方科目：银行存款　　　　2024 年 12 月 31 日　　　　　　　　银付字 8 号

| 摘　要 | 借方科目 | 明细科目 | 金　额 |
|---|---|---|---|
| 固定资产保险 | 制造费用<br>管理费用 | 财产保险费<br>财产保险费 | 3 000<br>1 000 |
| 合　计 | | | 4 000 |

### 表 9－26  付 款 凭 证

贷方科目：银行存款　　　　　　　　2024 年 12 月 31 日　　　　　　　　银付字 9 号

| 摘　　要 | 借方科目 | 明细科目 | 金　　额 |
|---|---|---|---|
| 购办公用品 | 制造费用<br>管理费用 | 办公用品费<br>办公用品费 | 500<br>1 160 |
| 合　　计 |  |  | 1 660 |

### 表 9－27  转 账 凭 证

2024 年 12 月 31 日　　　　　　　　转字 7 号

| 摘　　要 | 会计科目 | 明细科目 | 借方金额 | 贷方金额 |
|---|---|---|---|---|
| 结转本月制造费用 | 生产成本<br>生产成本<br>制造费用 | A 产品<br>B 产品 | 14 200<br>17 800 | 32 000 |
| 合　　计 |  |  | 32 000 | 32 000 |

### 表 9－28  转 账 凭 证

2024 年 12 月 31 日　　　　　　　　转字 8 号

| 摘　　要 | 会计科目 | 明细科目 | 借方金额 | 贷方金额 |
|---|---|---|---|---|
| 结转本月完<br>工产品成本 | 库存商品<br>生产成本<br>生产成本 | A 产品<br>B 产品 | 200 500 | 80 500<br>120 000 |
| 合　　计 |  |  | 200 500 | 200 500 |

### 表 9－29  转 账 凭 证

2024 年 12 月 31 日　　　　　　　　转字 9 号

| 摘　　要 | 会计科目 | 明细科目 | 借方金额 | 贷方金额 |
|---|---|---|---|---|
| 结转本月销售成本 | 主营业务成本<br>库存商品 |  | 177 500 | 177 500 |
| 合　　计 |  |  | 177 500 | 177 500 |

### 表 9－30  转 账 凭 证

2024 年 12 月 31 日　　　　　　　　转字 10 号

| 摘　　要 | 会计科目 | 明细科目 | 借方金额 | 贷方金额 |
|---|---|---|---|---|
| 计提本月应<br>交销售税金 | 税金及附加<br>应交税费 | 城市维护建设税<br>应交城市维护建设税 | 1 696.24 | 1 696.24 |
| 合　　计 |  |  | 1 696.24 | 1 696.24 |

表 9-31  转 账 凭 证

2024 年 12 月 31 日　　　　　　　　　　　　　　　　　　转字 11 号

| 摘　要 | 会计科目 | 明细科目 | 借方金额 | 贷方金额 |
| --- | --- | --- | --- | --- |
| 结转本月销售收入 | 主营业务收入<br>本年利润 | | 300 000 | 300 000 |
| 合　　计 | | | 300 000 | 300 000 |

表 9-32  转 账 凭 证

2024 年 12 月 31 日　　　　　　　　　　　　　　　　　　转字 12 号

| 摘　要 | 会计科目 | 明细科目 | 借方金额 | 贷方金额 |
| --- | --- | --- | --- | --- |
| 结转本月销售成本 | 本年利润<br>主营业务成本 | | 177 500 | 177 500 |
| 合　　计 | | | 177 500 | 177 500 |

表 9-33  转 账 凭 证

2024 年 12 月 31 日　　　　　　　　　　　　　　　　　　转字 13 号

| 摘　要 | 会计科目 | 明细科目 | 借方金额 | 贷方金额 |
| --- | --- | --- | --- | --- |
| 结转本月销售费用 | 本年利润<br>销售费用 | | 1 500 | 1 500 |
| 合　　计 | | | 1 500 | 1 500 |

表 9-34  转 账 凭 证

2024 年 12 月 31 日　　　　　　　　　　　　　　　　　　转字 14 号

| 摘　要 | 会计科目 | 明细科目 | 借方金额 | 贷方金额 |
| --- | --- | --- | --- | --- |
| 结转本月销售税金 | 本年利润<br>税金及附加 | | 1 696.24 | 1 696.24 |
| 合　　计 | | | 1 696.24 | 1 696.24 |

表 9-35  转 账 凭 证

2024 年 12 月 31 日　　　　　　　　　　　　　　　　　　转字 15 号

| 摘　要 | 会计科目 | 明细科目 | 借方金额 | 贷方金额 |
| --- | --- | --- | --- | --- |
| 结转本月管理费用 | 本年利润<br>管理费用 | | 22 500 | 22 500 |
| 合　　计 | | | 22 500 | 22 500 |

### 表 9－36　转 账 凭 证

2024 年 12 月 31 日　　　　　　　　　　　　　　　　　　　　转字 16 号

| 摘　　要 | 会计科目 | 明细科目 | 借方金额 | 贷方金额 |
| --- | --- | --- | --- | --- |
| 计算本月应交所得税 | 所得税费用<br>应交税费 | 应交所得税 | 24 200.94 | 24 200.94 |
| 合　　计 | | | 24 200.94 | 24 200.94 |

### 表 9－37　转 账 凭 证

2024 年 12 月 31 日　　　　　　　　　　　　　　　　　　　　转字 17 号

| 摘　　要 | 会计科目 | 明细科目 | 借方金额 | 贷方金额 |
| --- | --- | --- | --- | --- |
| 结转本月所得税费用 | 本年利润<br>所得税费用 | | 24 200.94 | 24 200.94 |
| 合　　计 | | | 24 200.94 | 24 200.94 |

### 表 9－38　转 账 凭 证

2024 年 12 月 31 日　　　　　　　　　　　　　　　　　　　　转字 18 号

| 摘　　要 | 会计科目 | 明细科目 | 借方金额 | 贷方金额 |
| --- | --- | --- | --- | --- |
| 将净利润转入利润分配 | 本年利润<br>利润分配 | 未分配利润 | 152 602.82 | 152 602.82 |
| 合　　计 | | | 152 602.82 | 152 602.82 |

### 表 9－39　转 账 凭 证

2024 年 12 月 31 日　　　　　　　　　　　　　　　　　　　　转字 19 号

| 摘　　要 | 会计科目 | 明细科目 | 借方金额 | 贷方金额 |
| --- | --- | --- | --- | --- |
| 提取盈余公积 | 利润分配<br>盈余公积 | 提取盈余公积 | 15 260.28 | 15 260.28 |
| 合　　计 | | | 15 260.28 | 15 260.28 |

### 表 9－40　付 账 凭 证

贷方科目：银行存款　　　　2024 年 12 月 31 日　　　　　　　　银付字 10 号

| 摘　　要 | 借方科目 | 明　细　科　目 | 金　　额 |
| --- | --- | --- | --- |
| 交纳税金 | 应交税费 | | 56 000 |
| 合　　计 | | | 56 000 |

### 三、登记日记账

根据所编制的库存现金与银行存款的收款凭证及付款凭证，逐日逐笔登记库存现金日记账和银行存款日记账。两种日记账的格式和内容如表9-41、表9-42所示。

表9-41　库存现金日记账　　　　　　第　页

| 2024年 | | 凭证 | | 摘　要 | 对方科目 | 借方 | 贷方 | 余额 |
|---|---|---|---|---|---|---|---|---|
| 月 | 日 | 字 | 号 | | | | | |
| 12 | 1 | | | 期初余额 | | | | 1 000 |
| | 12 | 银付 | 3 | 提现备发工资 | 银行存款 | 60 000 | | 61 000 |
| | 12 | 现付 | 1 | 支付本月工资 | 应付职工薪酬 | | 60 000 | 1 000 |
| | 15 | 现付 | 2 | 支付A产品运费 | 销售费用 | | 200 | 800 |
| | 25 | 现付 | 3 | 支付车间电话费 | 制造费用 | | 440 | 360 |
| | 31 | 现收 | 1 | 李明交回电话费 | 管理费用 | 60 | | 420 |
| | 31 | | | 本月合计 | | 60 060 | 60 640 | 420 |
| 12 | 31 | | | 累　计 | | （略） | （略） | 420 |

表9-42　银行存款日记账　　　　　　第　页

| 2024年 | | 凭证 | | 摘　要 | 对方科目 | 借方 | 贷方 | 余额 |
|---|---|---|---|---|---|---|---|---|
| 月 | 日 | 字 | 号 | | | | | |
| 12 | 1 | | | 期初余额 | | | | 126 000 |
| | 2 | 银付 | 1 | 购甲材料 | 原材料 | | 22 600 | 103 400 |
| | 4 | 银付 | 2 | 购乙材料 | 原材料 | | 90 400 | 13 000 |
| | 10 | 银收 | 1 | 销售产品 | 主营业务收入 | 259 900 | | 272 900 |
| | 12 | 银付 | 3 | 提现备发工资 | 库存现金 | | 60 000 | 212 900 |
| | 18 | 银付 | 4 | 付本月水电费 | 生产成本等 | | 11 300 | 201 600 |
| | 22 | 银付 | 5 | 付行政办公费 | 管理费用 | | 1 060 | 200 540 |
| | 23 | 银收 | 2 | 大华公司还货款 | 应收账款 | 59 500 | | 260 040 |
| | 23 | 银付 | 6 | 支付广告费 | 销售费用 | | 1 300 | 258 740 |
| | 25 | 银付 | 7 | 支付购电脑款 | 固定资产 | | 4 068 | 254 672 |
| | 29 | 银收 | 3 | 借入短期借款 | 短期借款 | 50 000 | | 304 672 |
| | 31 | 银付 | 8 | 支付固定资产保险费 | 制造费用等 | | 4 000 | 300 672 |
| | 31 | 银付 | 9 | 购买办公用品费 | 制造费用等 | | 1 660 | 299 012 |
| | 31 | 银付 | 10 | 交纳税金 | 应交税费 | | 56 000 | 243 012 |
| | 31 | | | 本月合计 | | 369 400 | 252 388 | 243 012 |
| 12 | 31 | | | 累　计 | | （略） | （略） | 243 012 |

### 四、登记明细账

根据原始凭证或汇总原始凭证和记账凭证，逐笔登记各明细分类账。本项任务分别以应收账款、原材料、生产成本明细账为例说明各明细账的登记方法。

应收账款明细账、原材料明细账、生产成本明细账格式及内容如表 9-43 至表 9-48 所示。

**表 9-43　应收账款明细账**

户名：大华公司　　　　　　　　　　　　　　　　　　　　　　　　　　　第 8 页

| 2024 年 | | 凭证 | | 摘　要 | 借方 | 贷方 | 借或贷 | 余额 |
|---|---|---|---|---|---|---|---|---|
| 月 | 日 | 字 | 号 | | | | | |
| 12 | 1 | | | 期初余额 | | | 借 | 3 000 |
| 12 | 20 | 转 | 3 | 销售 B 产品 10 台 | 56 500 | | 借 | 59 500 |
| 12 | 23 | 收 | 2 | 偿还货款 | | 59 500 | 平 | |
| 12 | 31 | | | 本月合计 | 56 500 | 59 500 | 平 | 0 |

**表 9-44　应收账款明细账**

户名：长春工厂　　　　　　　　　　　　　　　　　　　　　　　　　　　第 9 页

| 2024 年 | | 凭证 | | 摘　要 | 借方 | 贷方 | 借或贷 | 余额 |
|---|---|---|---|---|---|---|---|---|
| 月 | 日 | 字 | 号 | | | | | |
| 12 | 1 | | | 期初余额 | | | 贷 | 1 000 |
| 12 | 15 | 转 | 2 | 销售 A 产品 5 台 | 22 600 | | 借 | 21 600 |
| 12 | 31 | | | 本月合计 | 22 600 | | 借 | 21 600 |

**表 9-45　原材料明细账**

材料名称：甲材料
单位：千克　　　　　　　　　　　　　　　　　　　　　　　　　　　　　第 12 页

| 2024 年 | | 凭证 | | 摘要 | 收入 | | | 发出 | | | 结存 | | |
|---|---|---|---|---|---|---|---|---|---|---|---|---|---|
| 月 | 日 | 字 | 号 | | 数量 | 单价 | 金额 | 数量 | 单价 | 金额 | 数量 | 单价 | 金额 |
| 12 | 1 | | | 期初余额 | | | | | | | 1 000 | 20 | 20 000 |
| | 2 | 付 | 1 | 购入 | 1 000 | 20 | 20 000 | | | | 2 000 | 20 | 40 000 |
| | 10 | 转 | 1 | 领用 | | | | 1 500 | 20 | 30 000 | 500 | 20 | 10 000 |
| 12 | 31 | | | 本月合计 | 1 000 | | 20 000 | 1 500 | 20 | 30 000 | 500 | 20 | 10 000 |

### 表 9-46　原材料明细账

材料名：乙材料

单位：千克　　　　　　　　　　　　　　　　　　　　　　　　　　　　　　　　第 13 页

| 2024年 | | 凭证 | | 摘要 | 收入 | | | 发出 | | | 结存 | | |
|---|---|---|---|---|---|---|---|---|---|---|---|---|---|
| 月 | 日 | 字 | 号 | | 数量 | 单价 | 金额 | 数量 | 单价 | 金额 | 数量 | 单价 | 金额 |
| 12 | 1 | | | 期初余额 | | | | | | | 2 400 | 10 | 24 000 |
| | 4 | 付 | 2 | 购入 | 8 000 | 10 | 80 000 | | | | 10 400 | 10 | 104 000 |
| | 10 | 转 | 1 | 领用 | | | | 10 000 | 10 | 100 000 | 400 | 10 | 4 000 |
| 12 | 31 | | | 本月合计 | 8 000 | 10 | 80 000 | 10 000 | 10 | 100 000 | 400 | 10 | 4 000 |

### 表 9-47　生产成本明细账

产品名称：A产品

| 2024年 | | 凭证 | | 摘要 | 借方发生额 | | | | | 转出 |
|---|---|---|---|---|---|---|---|---|---|---|
| 月 | 日 | 字 | 号 | | 原材料 | 动力及燃料 | 工资及福利费 | 制造费用 | 合计 | |
| 12 | 1 | | | 期初余额 | 1 000 | 200 | 500 | 300 | 2 000 | |
| 12 | 10 | 转 | 1 | 生产耗用 | 40 000 | | | | 40 000 | |
| | 18 | 付 | 4 | 本月水电费 | | 3 000 | | | 3 000 | |
| | 31 | 转 | 4 | 本月工资 | | | 20 000 | | 20 000 | |
| | 31 | 转 | 5 | 本月福利费 | | | 2 800 | | 2 800 | |
| | 31 | 转 | 9 | 制造费用 | | | | 14 200 | 14 200 | |
| 12 | 31 | | | 本月合计 | 40 000 | 3 000 | 22 800 | 14 200 | 80 000 | |
| | 31 | | | 完工转出 | (40 200) | (3 100) | (22 900) | (14 300) | | 80 500 |
| 12 | 31 | | | 期末余额 | 800 | 100 | 400 | 200 | 1 500 | |

说明：表中括号内的数字为负数。

### 表 9-48　生产成本明细账

产品名称：B产品

| 2024年 | | 凭证 | | 摘要 | 借方发生额 | | | | | 转出 |
|---|---|---|---|---|---|---|---|---|---|---|
| 月 | 日 | 字 | 号 | | 原材料 | 动力及燃料 | 工资及福利费 | 制造费用 | 合计 | |
| 12 | 1 | | | 期初余额 | 2 400 | 300 | 600 | 700 | 4 000 | |
| 12 | 10 | 转 | 1 | 生产耗用 | 64 000 | | | | 64 000 | |
| | 18 | 付 | 4 | 本月水电费 | | 5 000 | | | 5 000 | |
| | 31 | 转 | 4 | 本月工资 | | | 30 000 | | 30 000 | |
| | 31 | 转 | 5 | 本月福利费 | | | 4 200 | | 4 200 | |
| | 31 | 转 | 9 | 制造费用 | | | | 17 800 | 17 800 | |
| 12 | 31 | | | 本月合计 | 64 000 | 5 000 | 34 200 | 17 800 | 121 000 | |
| | 31 | | | 完工转出 | (62 400) | (5 100) | (34 300) | (18 200) | | 120 000 |
| 12 | 31 | | | 期末余额 | 4 000 | 200 | 500 | 300 | 5 000 | |

说明：表中括号内的数字为负数。

> **想一想**
>
> 其他未登记的明细账应怎样登记(包括三栏式、数量金额式和多栏式)?试着把它们登记出来。

### 五、编制科目汇总表

该厂按旬汇总,每月编制科目汇总表一张,据以登记总账。分别于10日、20日、31日将本旬全部记账凭证,按同一总账科目汇总,填在科目汇总表内。其格式和内容如表9-49所示。

表9-49 科目汇总表

2024年12月　　　　　　　　　　　　　　　　　　　　汇字第12号

| 会计科目 | 1~10日发生额 借方 | 1~10日发生额 贷方 | 11~20日发生额 借方 | 11~20日发生额 贷方 | 21~31日发生额 借方 | 21~31日发生额 贷方 | 合计 借方 | 合计 贷方 |
|---|---|---|---|---|---|---|---|---|
| 库存现金 |  |  | 60 000 | 60 200 | 60 | 440 | 60 060 | 60 640 |
| 银行存款 | 259 900 | 113 000 |  | 71 300 | 109 500 | 68 088 | 369 400 | 252 388 |
| 应收账款 |  |  | 79 100 |  |  | 59 500 | 79 100 | 59 500 |
| 原材料 | 100 000 | 130 000 |  |  |  |  | 100 000 | 130 000 |
| 生产成本 | 104 000 |  | 8 000 |  | 89 000 | 200 500 | 201 000 | 200 500 |
| 制造费用 | 17 000 |  | 500 |  | 14 500 | 32 000 | 32 000 | 32 000 |
| 库存商品 |  |  |  |  | 200 500 | 177 500 | 200 500 | 177 500 |
| 固定资产 |  |  |  |  | 3 600 |  | 3 600 |  |
| 累计折旧 |  |  |  |  |  | 8 000 |  | 8 000 |
| 短期借款 |  |  |  |  |  | 50 000 |  | 50 000 |
| 应付职工薪酬 |  |  |  | 60 000 |  | 68 400 | 60 000 | 68 400 |
| 应交税费 | 13 000 | 29 900 | 1 300 | 9 100 | 56 468 | 25 897.18 | 70 768 | 64 897.18 |
| 盈余公积 |  |  |  |  |  | 15 260.28 |  | 15 260.28 |
| 本年利润 |  |  |  |  | 380 000 | 300 000 | 380 000 | 300 000 |
| 利润分配 |  |  |  |  | 15 260.28 | 152 602.82 | 15 260.28 | 152 602.82 |
| 主营业务收入 |  | 230 000 |  | 70 000 |  | 300 000 |  | 300 000 |
| 主营业务成本 |  |  |  |  | 177 500 | 177 500 | 177 500 | 177 500 |

(续表)

| 会计科目 | 1~10日发生额 借方 | 1~10日发生额 贷方 | 11~20日发生额 借方 | 11~20日发生额 贷方 | 21~31日发生额 借方 | 21~31日发生额 贷方 | 合计 借方 | 合计 贷方 |
|---|---|---|---|---|---|---|---|---|
| 税金及附加 | | | | | 1 696.24 | 1 696.24 | 1 696.24 | 1 696.24 |
| 销售费用 | | | 200 | | 1 300 | 1 500 | 1 500 | 1 500 |
| 管理费用 | 9 000 | | 1 500 | | 12 000 | 22 500 | 22 500 | 22 500 |
| 所得税费用 | | | | | 24 200.94 | 24 200.94 | 24 200.94 | 24 200.94 |
| 合计 | 502 900 | 502 900 | 210 600 | 210 600 | 1 385 585.46 | 1 385 585.46 | 2 099 085.46 | 2 099 085.46 |

### 六、登记总分类账

月终，根据所编制的"科目汇总表"登记各有关总分类科目，如表9-50至表9-73所示。总账的登记工作可以在每旬汇总后登记一次，也可以在月终根据全月发生额每月登记一次。所举例题是于每旬汇总后登记总分类账。

表 9-50 总 分 类 账

会计科目：库存现金　　　　　　　　　　　　　　　　　　　　　　　　　　第 1 页

| 2024年 月 | 2024年 日 | 凭证 字 | 凭证 号 | 摘　要 | 借方 | 贷方 | 借或贷 | 余额 |
|---|---|---|---|---|---|---|---|---|
| 12 | 1 | | | 期初余额 | | | 借 | 1 000 |
|  | 20 | 汇 | 12 | 11~20日发生额 | 60 000 | 60 200 | 借 | 800 |
|  | 31 | 汇 | 12 | 21~31日发生额 | 60 | 440 | 借 | 420 |
| 12 | 31 | | | 本月合计 | 60 060 | 60 640 | 借 | 420 |

表 9-51 总 分 类 账

会计科目：银行存款　　　　　　　　　　　　　　　　　　　　　　　　　　第 2 页

| 2024年 月 | 2024年 日 | 凭证 字 | 凭证 号 | 摘　要 | 借方 | 贷方 | 借或贷 | 余额 |
|---|---|---|---|---|---|---|---|---|
| 12 | 1 | | | 期初余额 | | | 借 | 126 000 |
|  | 10 | 汇 | 12 | 1~10日发生额 | 259 900 | 113 000 | 借 | 272 900 |
|  | 20 | 汇 | 12 | 11~20日发生额 | | 71 300 | 借 | 201 600 |
|  | 31 | 汇 | 12 | 21~31日发生额 | 109 500 | 68 088 | 借 | 243 012 |
| 12 | 31 | | | 本月合计 | 369 400 | 252 388 | 借 | 243 012 |

### 表 9-52　总 分 类 账

会计科目：应收账款　　　　　　　　　　　　　　　　　　　　　　　　　　　　　　　　第 3 页

| 2024 年 |    | 凭 证 |    | 摘　要 | 借方 | 贷方 | 借或贷 | 余额 |
|---|---|---|---|---|---|---|---|---|
| 月 | 日 | 字 | 号 |  |  |  |  |  |
| 12 | 1  |   |    | 期初余额 |        |        | 借 | 2 000  |
|    | 20 | 汇 | 12 | 11～20 日发生额 | 79 100 |        | 借 | 81 100 |
|    | 31 | 汇 | 12 | 21～31 日发生额 |        | 59 500 | 借 | 21 600 |
| 12 | 31 |   |    | 本月合计 | 79 100 | 59 500 | 借 | 21 600 |

### 表 9-53　总 分 类 账

会计科目：原材料　　　　　　　　　　　　　　　　　　　　　　　　　　　　　　　　　第 4 页

| 2024 年 |    | 凭 证 |    | 摘　要 | 借方 | 贷方 | 借或贷 | 余额 |
|---|---|---|---|---|---|---|---|---|
| 月 | 日 | 字 | 号 |  |  |  |  |  |
| 12 | 1  |   |    | 期初余额 |         |         | 借 | 44 000 |
|    | 10 | 汇 | 12 | 1～10 日发生额 | 100 000 | 130 000 | 借 | 14 000 |

### 表 9-54　总 分 类 账

会计科目：生产成本　　　　　　　　　　　　　　　　　　　　　　　　　　　　　　　　第 5 页

| 2024 年 |    | 凭 证 |    | 摘　要 | 借方 | 贷方 | 借或贷 | 余额 |
|---|---|---|---|---|---|---|---|---|
| 月 | 日 | 字 | 号 |  |  |  |  |  |
| 12 | 1  |   |    | 期初余额 |         |         | 借 | 6 000   |
|    | 10 | 汇 | 12 | 1～10 日发生额  | 104 000 |         | 借 | 110 000 |
|    | 20 | 汇 | 12 | 11～20 日发生额 | 8 000   |         | 借 | 118 000 |
|    | 31 | 汇 | 12 | 21～31 日发生额 | 89 000  | 200 500 | 借 | 6 500   |
| 12 | 31 |   |    | 本月合计 | 201 000 | 200 500 | 借 | 6 500   |

### 表 9-55　总 分 类 账

会计科目：制造费用　　　　　　　　　　　　　　　　　　　　　　　　　　　　　　　　第 6 页

| 2024 年 |    | 凭 证 |    | 摘　要 | 借方 | 贷方 | 借或贷 | 余额 |
|---|---|---|---|---|---|---|---|---|
| 月 | 日 | 字 | 号 |  |  |  |  |  |
| 12 | 10 | 汇 | 12 | 1～10 日发生额  | 17 000 |        | 借 | 17 000 |
|    | 20 | 汇 | 12 | 11～20 日发生额 | 500    |        | 借 | 17 500 |
|    | 31 | 汇 | 12 | 21～31 日发生额 | 14 500 | 32 000 | 平 | 0      |
| 12 | 31 |   |    | 本月合计 | 32 000 | 32 000 | 平 | 0 |

表 9-56　总 分 类 账

会计科目：其他应收款　　　　　　　　　　　　　　　　　　　　　　　　　　　第 7 页

| 2024 年 || 凭证 || 摘　要 | 借方 | 贷方 | 借或贷 | 余额 |
| --- | --- | --- | --- | --- | --- | --- | --- | --- |
| 月 | 日 | 字 | 号 | | | | | |
| 12 | 1 | | | 期初余额 | | | 借 | 1 000 |

表 9-57　总 分 类 账

会计科目：库存商品　　　　　　　　　　　　　　　　　　　　　　　　　　　　第 8 页

| 2024 年 || 凭证 || 摘　要 | 借方 | 贷方 | 借或贷 | 余额 |
| --- | --- | --- | --- | --- | --- | --- | --- | --- |
| 月 | 日 | 字 | 号 | | | | | |
| 12 | 1 | | | 期初余额 | | | 借 | 10 000 |
| | 31 | 汇 | 12 | 21～31 日发生额 | 200 500 | 177 500 | 借 | 33 000 |

表 9-58　总 分 类 账

会计科目：固定资产　　　　　　　　　　　　　　　　　　　　　　　　　　　　第 9 页

| 2024 年 || 凭证 || 摘　要 | 借方 | 贷方 | 借或贷 | 余额 |
| --- | --- | --- | --- | --- | --- | --- | --- | --- |
| 月 | 日 | 字 | 号 | | | | | |
| 12 | 1 | | | 期初余额 | | | 借 | 180 000 |
| 12 | 31 | 汇 | 12 | 购买 | 3 600 | | 借 | 183 600 |

表 9-59　总 分 类 账

会计科目：累计折旧　　　　　　　　　　　　　　　　　　　　　　　　　　　　第 10 页

| 2024 年 || 凭证 || 摘　要 | 借方 | 贷方 | 借或贷 | 余额 |
| --- | --- | --- | --- | --- | --- | --- | --- | --- |
| 月 | 日 | 字 | 号 | | | | | |
| 12 | 1 | | | 期初余额 | | | 贷 | 30 000 |
| | 31 | 汇 | 12 | 21～31 日发生额 | | 8 000 | 贷 | 38 000 |

表 9-60　总 分 类 账

会计科目：短期借款　　　　　　　　　　　　　　　　　　　　　　　　　　　　第 11 页

| 2024 年 || 凭证 || 摘　要 | 借方 | 贷方 | 借或贷 | 余额 |
| --- | --- | --- | --- | --- | --- | --- | --- | --- |
| 月 | 日 | 字 | 号 | | | | | |
| 7 | 31 | 汇 | 12 | 21～31 日发生额 | | 50 000 | 贷 | 50 000 |

表 9－61　总 分 类 账

会计科目：应付股利　　　　　　　　　　　　　　　　　　　　　　　　　　　　　第 12 页

| 2024年 | | 凭证 | | 摘　要 | 借方 | 贷方 | 借或贷 | 余额 |
|---|---|---|---|---|---|---|---|---|
| 月 | 日 | 字 | 号 | | | | | |
| 12 | 1 | | | 期初余额 | | | 贷 | 5 000 |

表 9－62　总 分 类 账

会计科目：应付职工薪酬　　　　　　　　　　　　　　　　　　　　　　　　　　　第 13 页

| 2024年 | | 凭证 | | 摘　要 | 借方 | 贷方 | 借或贷 | 余额 |
|---|---|---|---|---|---|---|---|---|
| 月 | 日 | 字 | 号 | | | | | |
| 12 | 20 | 汇 | 12 | 11～20 日发生额 | 60 000 | | 借 | 60 000 |
| | 31 | 汇 | 12 | 21～31 日发生额 | | 68 400 | 贷 | 8 400 |
| 12 | 31 | | | 本月合计 | 60 000 | 68 400 | 贷 | 8 400 |

表 9－63　总 分 类 账

会计科目：应交税费　　　　　　　　　　　　　　　　　　　　　　　　　　　　　第 14 页

| 2024年 | | 凭证 | | 摘　要 | 借方 | 贷方 | 借或贷 | 余额 |
|---|---|---|---|---|---|---|---|---|
| 月 | 日 | 字 | 号 | | | | | |
| 12 | 1 | | | 期初余额 | | | 贷 | 56 000 |
| | 10 | 汇 | 12 | 1～10 日发生额 | 13 000 | 29 900 | 贷 | 72 900 |
| | 20 | 汇 | 12 | 11～20 日发生额 | 1 300 | 9 100 | 贷 | 80 700 |
| | 31 | 汇 | 12 | 21～31 日发生额 | 56 468 | 25 897.18 | 贷 | 50 129.18 |
| 12 | 31 | | | 本月合计 | 70 768 | 64 897.18 | 贷 | 50 129.18 |

表 9－64　总 分 类 账

会计科目：实收资本　　　　　　　　　　　　　　　　　　　　　　　　　　　　　第 15 页

| 2024年 | | 凭证 | | 摘　要 | 借方 | 贷方 | 借或贷 | 余额 |
|---|---|---|---|---|---|---|---|---|
| 月 | 日 | 字 | 号 | | | | | |
| 12 | 1 | | | 期初余额 | | | 贷 | 263 000 |

### 表 9-65　总 分 类 账

会计科目：盈余公积　　　　　　　　　　　　　　　　　　　　　　　　　　　　第 16 页

| 2024 年 | | 凭 证 | | 摘　要 | 借方 | 贷方 | 借或贷 | 余额 |
|---|---|---|---|---|---|---|---|---|
| 月 | 日 | 字 | 号 | | | | | |
| 12 | 31 | 汇 | 12 | 21～31 日发生额 | | 15 260.28 | 贷 | 15 260.28 |
| | | | | | | | | |

### 表 9-66　总 分 类 账

会计科目：本年利润　　　　　　　　　　　　　　　　　　　　　　　　　　　　第 17 页

| 2024 年 | | 凭 证 | | 摘　要 | 借方 | 贷方 | 借或贷 | 余额 |
|---|---|---|---|---|---|---|---|---|
| 月 | 日 | 字 | 号 | | | | | |
| 12 | 1 | | | 期初余额 | | | 贷 | 80 000 |
| 12 | 31 | 汇 | 12 | 21～31 日发生额 | 380 000 | 300 000 | 平 | 0 |
| | | | | | | | | |

### 表 9-67　总 分 类 账

会计科目：利润分配　　　　　　　　　　　　　　　　　　　　　　　　　　　　第 18 页

| 2024 年 | | 凭 证 | | 摘　要 | 借方 | 贷方 | 借或贷 | 余额 |
|---|---|---|---|---|---|---|---|---|
| 月 | 日 | 字 | 号 | | | | | |
| 12 | 1 | | | 期初余额 | | | 借 | 64 000 |
| 12 | 31 | 汇 | 12 | 21～31 日发生额 | 15 260.28 | 152 602.82 | 贷 | 73 342.54 |
| 12 | 31 | | | 本月合计 | 15 260.28 | 152 602.82 | 贷 | 73 342.54 |

### 表 9-68　总 分 类 账

会计科目：主营业务收入　　　　　　　　　　　　　　　　　　　　　　　　　　第 19 页

| 2024 年 | | 凭 证 | | 摘　要 | 借方 | 贷方 | 借或贷 | 余额 |
|---|---|---|---|---|---|---|---|---|
| 月 | 日 | 字 | 号 | | | | | |
| 12 | 10 | 汇 | 12 | 1～10 日发生额 | | 230 000 | 贷 | 230 000 |
| | 20 | 汇 | 12 | 11～20 日发生额 | | 70 000 | 贷 | 300 000 |
| | 31 | 汇 | 12 | 21～31 日发生额 | 300 000 | | 平 | 0 |
| 12 | 31 | | | 本月合计 | 300 000 | 300 000 | 平 | 0 |

表 9-69　总　分　类　账

会计科目：主营业务成本　　　　　　　　　　　　　　　　　　　　　　　　　　　第 20 页

| 2024 年 | | 凭证 | | 摘　要 | 借方 | 贷方 | 借或贷 | 余额 |
|---|---|---|---|---|---|---|---|---|
| 月 | 日 | 字 | 号 | | | | | |
| 12 | 31 | 汇 | 12 | 21～31 日发生额 | 177 500 | 177 500 | 平 | 0 |
| | | | | | | | | |

表 9-70　总　分　类　账

会计科目：税金及附加　　　　　　　　　　　　　　　　　　　　　　　　　　　　第 21 页

| 2024 年 | | 凭证 | | 摘　要 | 借方 | 贷方 | 借或贷 | 余额 |
|---|---|---|---|---|---|---|---|---|
| 月 | 日 | 字 | 号 | | | | | |
| 12 | 31 | 汇 | 12 | 21～31 日发生额 | 1 696.24 | 1 696.24 | 平 | 0 |
| | | | | | | | | |

表 9-71　总　分　类　账

会计科目：销售费用　　　　　　　　　　　　　　　　　　　　　　　　　　　　　第 22 页

| 2024 年 | | 凭证 | | 摘　要 | 借方 | 贷方 | 借或贷 | 余额 |
|---|---|---|---|---|---|---|---|---|
| 月 | 日 | 字 | 号 | | | | | |
| 12 | 20 | 汇 | 12 | 11～20 日发生额 | 200 | | 借 | 200 |
| | 31 | 汇 | 12 | 21～31 日发生额 | 1 300 | 1 500 | 平 | 0 |
| 12 | 31 | | | 本月合计 | 1 500 | 1 500 | 平 | 0 |

表 9-72　总　分　类　账

会计科目：管理费用　　　　　　　　　　　　　　　　　　　　　　　　　　　　　第 23 页

| 2024 年 | | 凭证 | | 摘　要 | 借方 | 贷方 | 借或贷 | 余额 |
|---|---|---|---|---|---|---|---|---|
| 月 | 日 | 字 | 号 | | | | | |
| 12 | 10 | 汇 | 12 | 1～10 日发生额 | 9 000 | | 借 | 9 000 |
| | 20 | 汇 | 12 | 11～20 日发生额 | 1 500 | | 借 | 10 500 |
| | 31 | 汇 | 12 | 21～31 日发生额 | 12 000 | 22 500 | 平 | 0 |
| 12 | 31 | | | 本月合计 | 22 500 | 22 500 | 平 | 0 |

表 9－73　总 分 类 账

会计科目：所得税费用　　　　　　　　　　　　　　　　　　　　　　　　　　第 24 页

| 2024年 | | 凭 证 | | 摘　要 | 借方 | 贷方 | 借或贷 | 余额 |
|---|---|---|---|---|---|---|---|---|
| 月 | 日 | 字 | 号 | | | | | |
| 12 | 31 | 汇 | 12 | 21～31日发生额 | 24 200.94 | 24 200.94 | 平 | 0 |
|  |  |  |  |  |  |  |  |  |

## 七、对账

月终，将库存现金日记账、银行存款日记账及各种明细账的余额合计数，分别与总分类账中有关科目的余额核对相符（核对过程略）。

> **想一想**
>
> 日记账与总账，明细账与总账如何核对？

## 八、编制财务报表

月终，根据审核无误的总分类账和明细分类账的记录，编制"总分类科目发生额及余额试算平衡表"，格式如表 9－74 所示。试算平衡后编制"利润表"，格式如表 9－75 所示。编制"资产负债表"，格式如表 9－76 所示。

表 9－74　总分类科目发生额及余额试算平衡表

2024 年 12 月

| 序号 | 会 计 科 目 | 期初余额 | | 本期发生额 | | 期末余额 | |
|---|---|---|---|---|---|---|---|
| | | 借方 | 贷方 | 借方 | 贷方 | 借方 | 贷方 |
| 1 | 库存现金 | 1 000 |  | 60 060 | 60 640 | 420 |  |
| 2 | 银行存款 | 126 000 |  | 369 400 | 252 388 | 243 012 |  |
| 3 | 应收账款 | 2 000 |  | 79 100 | 59 500 | 21 600 |  |
| 4 | 原材料 | 44 000 |  | 100 000 | 130 000 | 14 000 |  |
| 5 | 生产成本 | 6 000 |  | 201 000 | 200 500 | 6 500 |  |
| 6 | 制造费用 |  |  | 32 000 | 32 000 |  |  |
| 7 | 其他应收款 | 1 000 |  |  |  | 1 000 |  |
| 8 | 库存商品 | 10 000 |  | 200 500 | 177 500 | 33 000 |  |

(续表)

| 序号 | 会计科目 | 期初余额 借方 | 期初余额 贷方 | 本期发生额 借方 | 本期发生额 贷方 | 期末余额 借方 | 期末余额 贷方 |
| --- | --- | --- | --- | --- | --- | --- | --- |
| 9 | 固定资产 | 180 000 | | 3 600 | | 183 600 | |
| 10 | 累计折旧 | | 30 000 | | 8 000 | | 38 000 |
| 11 | 短期借款 | | | | 50 000 | | 50 000 |
| 12 | 应付股利 | | 5 000 | | | | 5 000 |
| 13 | 应付职工薪酬 | | | 60 000 | 68 400 | | 8 400 |
| 14 | 应交税费 | | 56 000 | 70 768 | 64 897.18 | | 50 129.18 |
| 15 | 实收资本 | | 26 300 | | | | 26 300 |
| 16 | 盈余公积 | | | | 15 260.28 | | 15 260.28 |
| 17 | 本年利润 | | 80 000 | 380 000 | 300 000 | | |
| 18 | 利润分配 | 64 000 | | 15 260.28 | 152 602.82 | | 73 342.54 |
| 19 | 主营业务收入 | | | 300 000 | 300 000 | | |
| 20 | 主营业务成本 | | | 177 500 | 177 500 | | |
| 21 | 税金及附加 | | | 1 696.24 | 1 696.24 | | |
| 22 | 销售费用 | | | 1 500 | 1 500 | | |
| 23 | 管理费用 | | | 22 500 | 22 500 | | |
| 24 | 所得税费用 | | | 24 200.94 | 24 200.94 | | |
| | 合计 | 434 000 | 434 000 | 2 099 085.46 | 2 099 085.46 | 503 132 | 503 132 |

表 9-75 利 润 表

编制单位：远大公司　　　　　　2024 年 12 月　　　　　　　　金额单位：元

| 项　　目 | 本期余额 | 上期余额 |
| --- | --- | --- |
| 一、营业收入 | 300 000 | （略） |
| 　减：营业成本 | 177 500 | |
| 　　　税金及附加 | 1 696.24 | |
| 　　　销售费用 | 1 500 | |
| 　　　管理费用 | 22 500 | |
| 　　　财务费用 | | |

207

(续表)

| 项　　目 | 本期余额 | 上期余额 |
|---|---|---|
| 加：投资收益（损失以"－"号填列） | | |
| 二、营业利润（亏损以"－"号填列） | 96 803.76 | |
| 加：营业外收入 | | |
| 减：营业外支出 | | |
| 三、利润总额（亏损总额以"－"号填列） | 96 803.76 | |
| 减：所得税费用 | 24 200.94 | |
| 四、净利润（净亏损以"－"号填列） | 72 602.82 | |

表 9-76　资产负债表（简表）

编制单位：远大公司　　　　　2024 年 12 月 31 日　　　　　金额单位：元

| 资　产 | 期末余额 | 年初余额 | 负债和所有者权益 | 期末余额 | 年初余额 |
|---|---|---|---|---|---|
| 流动资产： | | （略） | 流动负债： | | （略） |
| 货币资金 | 243 432 | | 短期借款 | 50 000 | |
| 应收账款 | 21 600 | | 应付账款 | | |
| 其他应收款 | 1 000 | | 应付职工薪酬 | 8 400 | |
| 存货 | 53 500 | | 应交税费 | 50 129.18 | |
| 　流动资产合计 | 319 532 | | 应付股利 | 5 000 | |
| 非流动资产： | | | 流动负债合计 | 113 529.18 | |
| 长期股权投资 | | | 实收资本 | 263 000 | |
| 固定资产 | 183 600 | | 盈余公积 | 15 260.28 | |
| 减：累计折旧 | 38 000 | | 未分配利润 | 73 342.54 | |
| | | | 所有者权益合计 | 351 602.82 | |
| 　资产总计 | 465 132 | | 负债和所有者权益总计 | 465 132 | |

## 思考与练习

实训题

（1）以本项目任务四中远大公司的资料为例，采用记账凭证账务处理程序进行会计核算。

（2）以项目五任务三实训操作中的资料，练习科目汇总表账务处理程序。核算中所需的凭证、账簿、报表等自备。

## 任务五　管理会计档案

### 情景导入

一年下来，远大公司的财务部办公室里已经堆积了相当多的会计资料，其中部分已归档。这些会计资料该如何存放和保管呢？能不能外借，如果允许，是否需要办理出借手续？今天，财务部要开始整理和装订会计档案了，大智很早就来到了办公室。

会计档案管理工作是会计基础工作的重要内容，做好会计档案管理工作尤为重要。单位应当加强会计档案管理工作，建立和完善会计档案的收集、整理、保管、利用和鉴定销毁等管理制度，采取可靠的安全防护技术和措施，保证会计档案的真实、完整、可用以及安全。

会计档案，是指单位在进行会计核算等过程中接收或形成的，记录和反映单位经济业务事项的，具有保存价值的，以文字、图表等各种形式展示的会计资料，包括通过计算机等电子设备形成、传输和存储的电子会计档案。

### 一、会计档案的内容

下列会计资料应当进行归档：
（1）会计凭证，包括原始凭证、记账凭证。
（2）会计账簿，包括总账、明细账、日记账、固定资产卡片及其他辅助性账簿。
（3）财务会计报告，包括月度、季度、半年度、年度财务会计报告。
（4）其他会计资料，包括银行存款余额调节表、银行对账单、纳税申报表、会计档案移交清册、会计档案保管清册、会计档案销毁清册、会计档案鉴定意见书及其他具有保存价值的会计资料。

### 二、电子会计档案

随着互联网的飞速发展，云计算时代的来临，会计信息化步伐的不断加快，电子会计资料正逐步取代纸质会计资料，在会计核算和财务管理中发挥着日益重要的作用。2016年1月1日起修订施行的《会计档案管理办法》增加并明确了电子会计档案的管理要求。

在信息化时代，电子档案管理的法律规范和技术手段已经较为成熟，同时保存纸质和电子会计档案的要求意义不大，也会大大增加档案的管理成本。为此，修订后的《会计档案管理办法》肯定了电子会计档案的有效性和可替代性，规定单位可以利用计算机、网络通信等信息技术手段管理会计档案。

单位内部形成的电子会计资料,同时满足下列条件的,可仅以电子形式归档保存:

(1) 形成的电子会计资料的来源真实、有效,可由计算机等电子设备形成和传输。

(2) 使用的会计核算系统能够准确、完整、有效接收和读取电子会计资料,能够输出符合国家标准归档格式的会计凭证、会计账簿、财务会计报表等会计资料,设定了经办、审核、审批等必要的审签程序。

(3) 使用的电子档案管理系统能够有效接收、管理、利用电子会计档案,符合电子档案的长期保管要求,并建立了电子会计档案与相关联的其他纸质会计档案的检索关系。

(4) 采取有效措施,防止电子会计档案被篡改。

(5) 建立电子会计档案备份制度,能够有效防范自然灾害、意外事故和人为破坏的影响。

(6) 形成的电子会计资料不属于具有永久保存价值或者其他重要保存价值的会计档案。

单位从外部接收的电子会计资料附有符合《中华人民共和国电子签名法》规定的电子签名的,可仅以电子形式归档保存,形成电子会计档案。

## 三、会计档案的归档和保管

根据财政部、国家档案局联合修订的《会计档案管理办法》,单位会计管理机构按照归档范围和归档要求,负责定期将应当归档的会计资料整理立卷,编制会计档案保管清册。当年形成的会计档案,在会计年度终了后,可由单位会计管理机构临时保管1年,再移交至单位档案管理机构。因工作需要确需推迟移交的,应当经单位档案管理机构同意。单位会计管理机构临时保管会计档案的期限最长不超过3年。临时保管期间,会计档案的保管应当符合国家档案管理的有关规定,且出纳人员不得兼管会计档案。

单位会计管理机构在办理会计档案移交时,应当编制会计档案移交清册,并按照国家档案管理的有关规定办理移交手续。纸质会计档案移交时应当保持原卷的封装。电子会计档案移交时应当将电子会计档案及其元数据一并移交,且文件格式应当符合国家档案管理的有关规定。特殊格式的电子会计档案应当与其读取平台一并移交。单位档案管理机构接收电子会计档案时,应当对电子会计档案的准确性、完整性、可用性、安全性进行检测,符合要求的才能接收。

单位应当严格按照相关制度与法规利用会计档案,在进行会计档案查阅、复制、借出时办理登记手续,严禁篡改和损坏。单位保存的会计档案一般不得对外借出。确因工作需要且根据国家有关规定必须借出的,应当严格按照规定办理相关手续。会计档案借用单位应当妥善保管和利用借入的会计档案,确保借入会计档案的安全完整,并在规定时间内归还。

## 四、会计档案的保管期限

根据重要程度不同,会计档案的保管期限也有所不同。会计档案的保管期限分为永久、定期两类。定期保管期限一般分为 10 年和 30 年。会计档案的保管期限,从会计年度终了后的第一天算起。单位应当定期对已到保管期限的会计档案进行鉴定,并形成会计档案鉴定意见书。经鉴定,仍需继续保存的会计档案,应当重新划定保管期限;对保管期满,确无保存价值的会计档案,可以销毁。会计档案鉴定工作应当由单位档案管理机构牵头,组织单位会计、审计、纪检监察等机构或人员共同进行。

目前,《会计档案管理办法》规定的会计档案保管期限如表 9-77 所示。

表 9-77 企业和其他组织会计档案保管期限表

| 序号 | 档案名称 | 保管期限 | 备注 |
| --- | --- | --- | --- |
| 一 | 会计凭证 | | |
| 1 | 原始凭证 | 30 年 | |
| 2 | 记账凭证 | 30 年 | |
| 二 | 会计账簿 | | |
| 3 | 总账 | 30 年 | |
| 4 | 明细账 | 30 年 | |
| 5 | 日记账 | 30 年 | |
| 6 | 固定资产卡片 | | 固定资产报废清理后保管 5 年 |
| 7 | 其他辅助性账簿 | 30 年 | |
| 三 | 财务会计报告 | | |
| 8 | 月度、季度、半年度财务会计报告 | 10 年 | |
| 9 | 年度财务会计报告 | 永久 | |
| 四 | 其他会计资料 | | |
| 10 | 银行存款余额调节表 | 10 年 | |
| 11 | 银行对账单 | 10 年 | |
| 12 | 纳税申报表 | 10 年 | |
| 13 | 会计档案移交清册 | 30 年 | |
| 14 | 会计档案保管清册 | 永久 | |
| 15 | 会计档案销毁清册 | 永久 | |
| 16 | 会计档案鉴定意见书 | 永久 | |

### 五、会计档案的销毁

经鉴定可以销毁的会计档案,应当按照以下程序销毁:

(1)单位档案管理机构编制会计档案销毁清册,列明拟销毁会计档案的名称、卷号、册数、起止年度、档案编号、应保管期限、已保管期限和销毁时间等内容。

（2）单位负责人、档案管理机构负责人、会计管理机构负责人、档案管理机构经办人、会计管理机构经办人在会计档案销毁清册上签署意见。

（3）单位档案管理机构负责组织会计档案销毁工作，并与会计管理机构共同派员监销。监销人在会计档案销毁前，应当按照会计档案销毁清册所列内容进行清点核对；在会计档案销毁后，应当在会计档案销毁清册上签名或盖章。

电子会计档案的销毁还应当符合国家有关电子档案的规定，并由单位档案管理机构、会计管理机构和信息系统管理机构共同派员监销。

保管期满但未结清的债权债务会计凭证和涉及其他未了事项的会计凭证不得销毁，纸质会计档案应当单独抽出立卷，电子会计档案单独转存，保管到未了事项完结时为止。

单独抽出立卷或转存的会计档案，应当在会计档案鉴定意见书、会计档案销毁清册和会计档案保管清册中列明。

## 思考与练习

**复习思考题**

1. 什么是会计档案？它包括哪些内容？
2. 到期的会计档案在销毁时，应当注意哪些事项？

## 项目小结

本项目是对前面所学习的填制会计凭证、登记会计账簿和编制财务会计报告的一个综合运用，从而使其形成一个有机结合、完整的工作体系。

账务处理程序是会计核算的组织程序，它是从会计凭证到财务报表的一个完整的工作体系。账务处理程序有多种，它们既有共性，又各有特点，主要区别在于登记总账的依据和方法不同。本项目主要介绍记账凭证账务处理程序、科目汇总表账务处理程序、会计档案的保管和销毁。记账凭证账务处理程序是最基本的账务处理程序，其他账务处理程序都是由其发展而来。记账凭证账务处理程序一般适用于规模较小、经济业务较少的企业。科目汇总表账务处理程序是由科目汇总表登记总账，它主要适用于经济业务量较大的企业。本项目的重点是记账凭证账务处理程序和科目汇总表账务处理程序及其实际运用。

# 附录一　基础会计课程思政元素库

10-1 课程思政元素库

# 附录二　本教材数字化学习资源索引

| 资源序号 | 资源类型 | 资源名称 | 页码 |
| --- | --- | --- | --- |
| 1-1 | 视频 | 什么是会计 | 004 |
| 1-2 | 视频 | 会计工作组织 | 010 |
| 1-3 | 拓展阅读 | 代理记账管理办法 | 010 |
| 1-4 | 企业案例 | 内部牵制制度 | 011 |
| 1-5 | 知识链接 | 企业内部控制制度 | 011 |
| 1-6 | 知识链接 | 会计基础工作规范 | 011 |
| 1-7 | 视频 | 会计法律体系 | 013 |
| 1-8 | 知识链接 | 新修订的会计法 | 014 |
| 1-9 | 拓展阅读 | 小企业会计准则 | 015 |
| 1-10 | 视频 | 会计的核算方法 | 016 |
| 1-11 | 企业案例 | 会计核算流程 | 017 |
| 1-12 | 参考答案 | 项目一参考答案 | 018 |
| 2-1 | 视频 | 会计要素的关系 | 021 |
| 2-2 | 知识链接 | 资产确认条件 | 021 |
| 2-3 | 企业案例 | 股东非法转出资本公积 | 024 |
| 2-4 | 拓展阅读 | 会计计量属性 | 026 |
| 2-5 | 动画 | 会计恒等式 | 029 |
| 2-6 | 视频 | 经济业务类型及对会计等式的影响 | 030 |
| 2-7 | 参考答案 | 项目二参考答案 | 036 |
| 3-1 | 视频 | 会计科目 | 038 |
| 3-2 | 知识链接 | 会计准则下的会计科目 | 040 |
| 3-3 | 视频 | 会计账户 | 042 |
| 3-4 | 动画 | 账户结构原理 | 043 |

（续表）

| 资源序号 | 资源类型 | 资源名称 | 页码 |
| --- | --- | --- | --- |
| 3-5 | 拓展阅读 | 复式记账的产生 | 047 |
| 3-6 | 视频 | 借贷记账法 | 048 |
| 3-7 | 拓展阅读 | 账户结构记忆规则 | 051 |
| 3-8 | 知识链接 | 借贷记账规则 | 051 |
| 3-9 | 知识链接 | 会计分录的书写格式 | 058 |
| 3-10 | 动画 | 会计试算平衡 | 061 |
| 3-11 | 思政案例 | 总账与明细账平行登记 | 067 |
| 3-12 | 参考答案 | 项目三参考答案 | 068 |
| 4-1 | 思政案例 | 企业是经济社会发展的主体 | 072 |
| 4-2 | 微课 | 筹资业务 | 072 |
| 4-3 | 知识链接 | 固定资产计价 | 073 |
| 4-4 | 企业案例 | 权益的计算 | 075 |
| 4-5 | 视频 | 采购业务的核算 | 076 |
| 4-6 | 知识链接 | 材料采购成本计算 | 077 |
| 4-7 | 知识链接 | "应交增值税"账户 | 078 |
| 4-8 | 拓展阅读 | 增值税 | 078 |
| 4-9 | 视频 | 制造业务的核算 | 082 |
| 4-10 | 企业案例 | 企业虚增成本被查 | 089 |
| 4-11 | 视频 | 销售业务的核算 | 092 |
| 4-12 | 拓展阅读 | 成本控制的方法 | 096 |
| 4-13 | 视频 | 利润的计算 | 098 |
| 4-14 | 企业案例 | 企业财务造假案 | 103 |
| 4-15 | 思政案例 | 新公司法对会计核算的影响 | 103 |
| 4-16 | 参考答案 | 项目四参考答案 | 105 |
| 5-1 | 知识链接 | 数电票 | 110 |
| 5-2 | 视频 | 原始凭证的填制 | 111 |
| 5-3 | 知识链接 | 白条 | 114 |
| 5-4 | 知识链接 | 会计数字书写规范 | 115 |
| 5-5 | 思政案例 | 从支票填制中培养学生职业素养 | 115 |
| 5-6 | 思政案例 | 坚持原则、坚守准则 | 116 |
| 5-7 | 视频 | 记账凭证的填制 | 118 |

（续表）

| 资源序号 | 资源类型 | 资源名称 | 页码 |
| --- | --- | --- | --- |
| 5-8 | 企业案例 | 凭证违规案例 | 122 |
| 5-9 | 知识链接 | 电子会计凭证管理 | 126 |
| 5-10 | 参考答案 | 项目五参考答案 | 127 |
| 6-1 | 视频 | 会计账簿设置 | 129 |
| 6-2 | 知识链接 | 账簿种类 | 130 |
| 6-3 | 动画 | 账簿格式与设置 | 132 |
| 6-4 | 视频 | 会计账簿登记规则 | 134 |
| 6-5 | 视频 | 各类账簿的登记方法 | 136 |
| 6-6 | 微课 | 划线更正法 | 141 |
| 6-7 | 视频 | 红字冲账法 | 142 |
| 6-8 | 视频 | 对账 | 145 |
| 6-9 | 视频 | 结账方法与要求 | 146 |
| 6-10 | 微课 | 结账 | 147 |
| 6-11 | 参考答案 | 项目六参考答案 | 148 |
| 7-1 | 知识链接 | 财产清查程序 | 150 |
| 7-2 | 视频 | 财产物资盘存制度 | 153 |
| 7-3 | 视频 | 库存现金清查 | 154 |
| 7-4 | 知识链接 | 坐支现金 | 154 |
| 7-5 | 视频 | 银行存款清查 | 154 |
| 7-6 | 知识链接 | 银行对账单 | 154 |
| 7-7 | 企业案例 | 编制银行存款余额调节表 | 155 |
| 7-8 | 参考答案 | 项目七参考答案 | 162 |
| 8-1 | 思政案例 | 提高会计信息质量 | 164 |
| 8-2 | 拓展阅读 | 财务报表报送 | 165 |
| 8-3 | 视频 | 资产负债表原理和填制方法 | 167 |
| 8-4 | 企业案例 | 往来款项填列 | 169 |
| 8-5 | 企业案例 | 存货项目填列 | 169 |
| 8-6 | 企业案例 | 固定资产项目填列 | 169 |
| 8-7 | 视频 | 利润表编制 | 170 |
| 8-8 | 思政案例 | 增强企业社会责任 | 172 |
| 8-9 | 参考答案 | 项目八参考答案 | 173 |

（续表）

| 资源序号 | 资源类型 | 资源名称 | 页码 |
| --- | --- | --- | --- |
| 9-1 | 视频 | 账务处理程序 | 178 |
| 9-2 | 动画 | 账簿组织 | 178 |
| 9-3 | 视频 | 科目汇总表账务处理程序 | 182 |
| 9-4 | 微课 | 认识会计档案 | 209 |
| 9-5 | 知识链接 | 会计档案管理办法 | 209 |
| 9-6 | 拓展阅读 | 关于电子发票保管的相关规定 | 210 |
| 9-7 | 视频 | 会计档案归档和保管 | 210 |
| 9-8 | 参考答案 | 项目九参考答案 | 212 |
| 10-1 | 思政案例 | 课程思政元素库 | 213 |